CHENGBEN KUAIJI
HESUAN YU SHIWU YIBENTONG

全新升级版

成本会计核算与实务一本通

范继云◎著

中国铁道出版社有限公司
CHINA RAILWAY PUBLISHING HOUSE CO., LTD.

图书在版编目（CIP）数据

成本会计核算与实务一本通：全新升级版/范继云著.—北京：中国铁道出版社有限公司，2021.8（2025.4重印）

ISBN 978-7-113-27868-7

Ⅰ.①成… Ⅱ.①范… Ⅲ.①成本会计 Ⅳ.①F234.2

中国版本图书馆CIP数据核字（2021）第059318号

书　　名：成本会计核算与实务一本通（全新升级版）
作　　者：范继云

责任编辑：王　佩　　编辑部电话：（010）51873022　　电子邮箱：505733396@qq.com
封面设计：宿　萌
责任校对：苗　丹
责任印制：赵星辰

出版发行：中国铁道出版社有限公司（100054，北京市西城区右安门西街8号）
网　　址：https://www.tdpress.com
印　　刷：北京铭成印刷有限公司
版　　次：2021年8月第1版　2025年4月第5次印刷
开　　本：710 mm×1 000 mm　1/16　印张：11.5　字数：188千
书　　号：ISBN 978-7-113-27868-7
定　　价：55.00元

前　言

成本是商品价值的构成，是经济运行中的一项重要元素，存在于人们生产生活的方方面面。它可以记录高楼大厦，也可以列示一盘地三鲜菜品。可以是批量的常规商品，也能是唯一的特殊订制。因此，成本核算的重要性就突显出来。那么如何准确记录经济活动中千差万别的物品成本呢?

本书分为七章。第一章、第二章从成本概念开始，通过要素费用与成本项目介绍和应用举例由浅入深地进行讲解。第三章结合产品成本核算多种方法的应用和实例讲解层层推进，着重将料、工、费三大成本要素的归集与对应成本项目的分配进行讲述，方便不同行业和领域的读者对应寻找所需方法，并得出相关结论。在熟悉方法应用的基础上，第四章结合成本报表的编制与分析深入应用。本着学以致用的目的，第五章综合举例一般企业成本核算应用。现阶段已是信息大爆炸时代，随之而来的就是各种无效信息的泛滥，成本也不例外。因此增加第六章成本管理与应用，从管理角度定位成本核算的价值和意义，有利于帮助企业做出更好的判断和决策，从而获得尽可能多的经济效益。结尾以成本核算相关问答来综合部分行业的特点，供读者了解。

鉴于个人对成本核算多年的实践应用和理解，本着理论结合实践、实践回归理论的原则，希望对有需要的读者在工作中有所帮助，虽经精心整理，但难免存在疏漏之处，恳请读者朋友们能够多提宝贵意见，批评指正。

编　者

目 录

第 1 章

成本含义概述

1.1 成本的定义

成本是商品经济的价值范畴，是商品价值的组成部分，即我们通常所指做生意本钱中的“本”。也可以理解为商品在买与卖过程中的买价，产品在生产加工过程中的组成材料价值与人工费用之和。人们要进行生产经营活动或达到一定目的，就必须耗费一定的资源（人力、物力和财力），其所耗费资源的货币表现及其对象化称之为成本。随着商品经济的不断发展，成本概念的内涵和外延都处于不断变化发展之中。

成本简单理解就是为生产某一产品所耗费的全部费用，下面是一张某公司的成本构成核算表，如表 1-1 所示。

表 1-1　催化剂成本核算构成表

产品规格	IVR-Y	VII-N-ADV	合计（元）
产量 /kg	5 949.63	11 687.71	
成本单价	102 304.40	129 047.77	
直接原材料	578 199.32	1 438 905.95	2 017 105.27
辅助包装材料	5 966.35	8 377.26	14 343.61
水　费	246.31	612.98	859.29
电　费	4 324.23	10 761.28	15 085.51
工　资	10 545.60	26 243.77	36 789.37
社会保险	560.51	1 394.89	1 955.40
公积金	646.91	1 609.89	2 256.80
制造费用	8 184.08	20 366.90	28 550.98
合　计	608 673.32	1 508 272.91	2 116 946.23

由表 1–1 中可得如下理解。

（1）成本是构成商品的要素费用集合。表中项目涉及材料、半成品、人工、辅料、包装，制造费用等。

（2）成本是商品生产中生产要素耗费的货币表现；产品所有的组成部件最终都以货币金额统一表示。

（3）成本是为了保证企业再生产而应从销售收入中得到补偿的价值，也就是通常所说的保本销售的“本”。

（4）成本本质上是一种价值牺牲。它是为实现一定目的而付出资源的价值牺牲，可以是多种资源的价值牺牲，也可以是某些方面的资源价值牺牲。如一部手机的制作完成需要材料、物力资源、人力资源，同时也离不开水电等能力资源的牺牲。生产加工型企业多为此类，甚至从更广泛的含义看，成本是为达到一种目的而放弃另一种目的所牺牲的经济价值，在经营决策中所用的机会成本就有这种含义。如投资的选择，一笔投资款同时有股票、基金、保险等多个项目可选时，选择股票就必须放弃其他项目。

人们在社会生活中离不开生产、消费等活动，因此，无论个人生活还是企业的生产经营活动都时刻离不开成本这一概念。

1.2 生活中的成本实例

1. 生活中的成本实例，如做一道地三鲜菜品

需要的主原材料：茄子、土豆、尖椒。辅助材料：油、盐、酱油等调味料，还有一项重要的支出，即将这道菜加工制作完成的厨师工资（人工费用）。这一盘菜全面完整的成本核算离不开各道加工程序的统计计算，下面就看一下地三鲜的加工流程。

❶ 原材料准备工作（购买及清洗）。

❷ 原材料初加工（原材料分别切块）。

❸ 辅料出库及准备（葱姜蒜油酱盐等）。

❹ 材料细加工（将切块的原料进行过油）。

❺ 辅料制作（调料调兑）。

❻ 半成品深加工（将辅料与材料混合）。

❼ 成品处理（完成关火）。

❽ 转至产成品（装盘）。

成本核算记录的数据如表 1–2 所示。

表 1–2　地三鲜菜品成本明细单

	名 称	领用数量（g）	单价（元 /500 g）	金额（元）
材料费用明细	茄子	200	2.50	1.00
	土豆	300	1.50	0.90
	尖椒	100	3.00	0.60
	油	50	8.50	0.85
	调味辅料综合			0.50
人工费用				1.00
费用合计				4.85

产品成本会受到材料的品质、环境、季节等要素影响产生波动。地三鲜菜品的夏季原材料价格相对较低，而冬季价格相对较高，由此成本差异就产生了。在企业经营活动中关于成本差异的分析随处可见，这些问题将在第 4 章中提到。

2. 购买生活所需的用品，如一件衣服、一台电器或者一辆车

买价及支付的各项相关税费就是我们获得此项产品的支付成本，相当于购销产品业务中的进货成本，只不过生活中我们没有将产品再转销出去赚取利润。在商品购销行业里，通常产品的购进价格就是月末成本结转金额。

综上所述可知，成本涉及人们生产生活的方方面面。生活中的成本：衣为穿之本，饭菜为食之本，房为住之本，交通为行之本，健康为快乐之本。

1.3 成本核算的意义与重要性

成本核算的意义在于明确本利之间的关系比例，为企业的运营管理提供准确真实的参考依据，在控制各项成本以降低耗费的同时增加利润空间。本、利像一奶同胞的亲密关系，根据本利的关系公式：售价 – 成本 = 利润，售价离不开市场的制约，在售价一定的情况下，成本就是决定利润的绝对因素。

1.3.1 成本核算的意义

随着市场经济的不断发展，通过调控本、平衡利的关系，成本核算在各行各业生产经营中不断细化应用，生产成本、管理成本、销售成本等都越来越被重视和细化管理，各种核算的方式方法也应运而生。品种法、分批法、分步法等核算方法在不同的行业适用程度不同。

做成本核算的重要意义等同于做人，是绝不能打折的。“人无信则不立”，一个不诚实守信的人很难做成事，因为没有人愿意与这样的人来往。产品信息同理，在成本核算过程中，如果忽略某一些表面看似可以忽略的项目，例如一家高精密仪器企业，在核算成本中未将部件组成的螺钉成本计算在内，这将影响产品的销售定价，也会进一步影响到企业的利润。因为售价一旦确定就不能轻易变动。因此如实反映具体而真实的企业产品成本构成信息，对企业的运营发展意义重大。

1.3.2 成本核算的重要性

（1）成本核算是成本管理工作的重要组成部分，它是将企业在生产经营过程中发生的各种耗费按照一定的对象进行分配和归集，以计算总成本和单位成本。

成本核算的正确与否，直接影响企业的成本预测、计划、分析、考核和改进等控制工作，同时也对企业的成本决策和经营决策的正确与否产生重大影响。

如易达公司有 A、B 两个生产丝线车间，A、B 车间 1 月份分别生产丝线 2 000 kg、2 200 kg，发生制造费用 50 000 元、80 000 元。另外 B 车间还承接外来委托加工丝线 1 200 kg，在做 B 车间制造费用分摊时，要考虑到受托加工的 1 200 kg。否则产品单价就会虚高且偏离真实性。

（2）成本核算过程，是对企业生产经营过程中各种耗费如实反映的过程，也是为更好地实施成本管理进行成本信息反馈的过程，因此，成本核算对企业成本计划的实施、成本水平的控制和目标成本的实现起着至关重要的作用。

还以地三鲜为例，如果省掉了辅料中的醋或糖，口感可能会欠缺几分。应该本着从头到尾一样也不能少、自始至终一点也不能多的原则。

（3）通过成本核算，为企业成本节约和成本控制提供依据，并借以考核标准成本的执行情况，研究在何处可以降低成本，进行持续改进。

通过核算反映出企业管理中存在的问题，评价成本管理体系的有效性。如某印刷厂承接一份合同：印制《弟子规》书籍 100 000 册，分两批完成，同样的质量，同样的内容，一批 50 000 册主要面向幼小学生读者，文字（不含拼音）12 500 字，配图片 113 张；另一批 50 000 册主要面向成人读者，文字（不含拼音）23 400 字，不配图，要更深层多角度体现图书生活化的深刻道理。

这份合同看似有着同样的机物料消耗和制造费用分摊，但真实的成本统计却有差异，儿童版文字简单但配图要用掉大量的彩墨，结果就是表面看着简单但成本相对较高。这些都是成本核算过程中应该考虑到的注意事项。

（4）成本核算与产品的定位关系。一方面，企业的产品定位目标：质优。另一方面，市场定位目标：价廉（具有竞争优势）。事实是质优价不能廉，当然这个价廉是指不过高的合理利润空间，特别是今天信息化时代，各行各业成本数据都趋向透明化，真正做到物美，成本是绝对不能打折的。

综上再举例说明：同样功能的手机，市场价格高低不齐，低的几百元，高的甚至几千元，相差几倍之多，扣除品牌价值部分，材料的选择、人工耗费、软件应用系统的兼容性、款式、配置、售后服务以及安全性等成本构成项目一一展开就见分晓。所谓一分钱一分货，谁能辛苦耗费 800 元生产商品，最后还能高高兴兴 600 元卖掉呢？至少目标定价 1 000 元（本 800+ 利 200）。生产加工用材料的耐磨性、安全性等诸多方面是消费者肉眼不能够直接判断的，其中的成本价值也只有生产者才最清楚，所以不同的经营者根据自己的产品成本都会有一个合适的市场定位。在循环生产中，成本数据差异会及时传达信息给经营者应对市场的变化，并及时做出调整方案以保证企业良性发展。

1.4 核算的一般程序

成本核算的一般程序是指对企业在生产经营过程中发生的各项生产费用和期间费用，按照成本核算的要求，逐步进行归集和分配，计算出各种产品应分担生产成本和各项期间费用的基本过程，如图 1-1 所示。

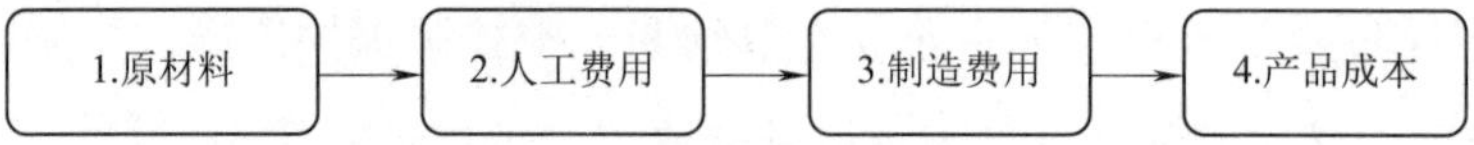

图 1–1　核算的一般程序

简而言之就是忙活一圈，看看自己忙的是什么（产品生产）？都忙出了什么结果（产成品）？能换取什么样的价值（利润）？最终得到不白忙活的结果。

实务工作中要从下列步骤顺序展开成本核算。

（1）严格审核和控制企业的各项成本支出与费用的发生，按国家统一会计制度确定其相应的归属，分别计入生产费用、期间费用。

能够直接归属于某一产品的各项耗费计入生产费用，门窗生产企业购进的玻璃和塑钢材料等属于直接材料费用，而生产加工过程中不能够直接归属某一产品的水电、燃料等费用则划为期间费用，待月末时统一按一定的方法分配到产品中去。

（2）正确处理跨期摊提的各项支出、费用。

将发生的各项成本，区分为应计入本月的产品成本与应当由其他月份产品负担的成本。主要注意类似预付保险费等费用，要按权责发生制摊销。即属于本期的费用要分摊在本期生产的产品成本中，属于以后期间的则应在以后期间进行分摊。如同我们下个月的工资不会在本月发就是这个道理。

（3）归集分配各项生产费用时，按权责发生制原则在各种产品之间按照成本项目进行分配，计算出各种产品的成本。

如果同一车间同时生产多种产品时，能按产品区分的材料及人工费则分别核算；不能区分的，实际工作中一般可按各产品的定额消耗量等对材料进行分配，按定额工时等对人工费进行分配。

（4）对于月末既有完工产品又有在产品的产品，将该种产品的生产费用（月初在产品生产费用与本月生产费用之和），在完工产品与月末在产品之间进行分配，计算出该种产品的完工产品成本和月末在产品成本。

企业应当根据在产品数量的多少、各月在产品数量变化的大小、各项成本比重的大小以及定额管理基础的好坏等具体条件，采用适当的分配方法，将生产成本在完工产品和在产品之间进行分配。有的企业在产品月末很少相同，但为了在计算上更快捷简便选择忽略不计。生产成本的构成如图 1–2 所示。

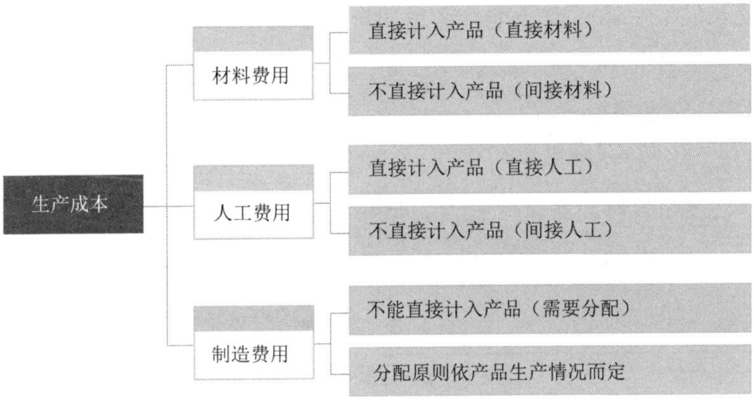

图 1-2 生产成本的核算

1.5 成本核算会计科目设置及账务处理

成本核算中为了更好地体现各项构成明细，方便理解通用数据信息，要将核算中的各项要素进行归集、分配，在财务账务处理中设置相应的归属科目，有关主要会计科目一般设置“生产成本——基本生产成本”“生产成本——辅助生产成本”“制造费用”“预提费用”等。各科目归集的相关生产成本费用最终结转到“生产成本”科目中，如图 1-3 所示。

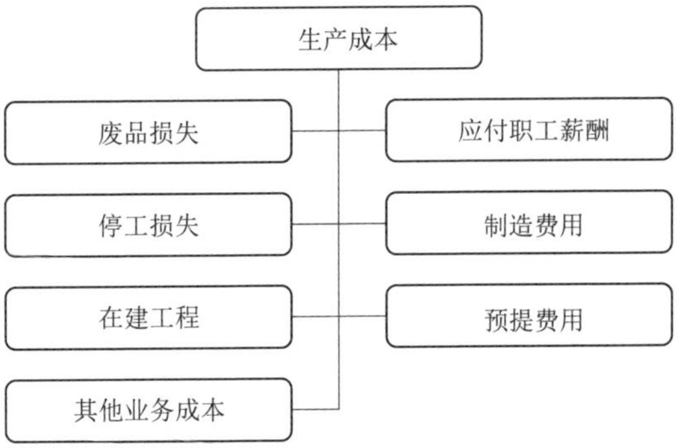

图 1-3 生产成本的科目

若企业在核算中需要单独核算废品损失和停工损失，还应设置“废品损失”和“停工损失”科目。一般在精密性较高的行业里，面对纷繁复杂的成本构成，必须按耗费定性归属，统一归集整理分配。简单理解就是各回各家，各找各妈。如同生活中我们的衣服有衣柜，鞋子有鞋柜，油有油杯，盐有盐罐，这样做的目的是使我们的生活更有条理。试想如果鞋柜装了衣服，油杯装了盐，结果可能就要被送去看医生。生产成本的主要账务处理如下。

1. 实务例证解析一

2月份，易达公司基本机加生产1车间为生产M计划从原材料库领用A、B、C、D共4种直接原材料，重量分别为200 kg、355 kg、180 kg、285 kg，单价分别为12.50元、13.80元、15.30元和19.21元。原材料明细如表1–3所示（领料单）。

表1–3 领料单

领料部门：生产部		领料用途：生产M计划		领料日期：2×20年2月12日	
原材料名称	规格型号	领用数量（kg）	单价（元/kg）	金额（元）	发料仓库
A	****	200	12.50	2 500.00	原材料库
B	****	355	13.80	4 899.00	原材料库
C	****	180	15.30	2 754.00	原材料库
D	****	285	19.21	5 474.85	原材料库
合计		1 020		15 627.85	原材料库
领料人：	李丹	制单：王月	审核：吴晓晴	记账：	张丽丽

财务依据此领料单情况做如下处理。

业务发生的各项直接生产成本：

借：生产成本——基本生产成本　　15 627.85

　贷：原材料　　15 627.85

2. 实务例证解析二

易达公司2月份生产车间制造费用共计发生50 000元，其中基本车间生产A产品12 000件，B产品20 000件，辅助车间生产加工C半成品30 000件。则分摊明细如表1–4所示。假设公司制造费用按产品产量分摊。

表1–4 制造费用分摊表

制造费用（元）	车间	产品	单位（件）	分摊率	分摊金额（元）
50 000	机加车间	A	12 000	0.19	9 677.42
		B	20 000	0.32	16 129.03
	辅助车间	C	30 000	0.48	24 193.55
合计				1	50 000.00

（1）生产车间应负担的制造费用。

借：生产成本——基本生产成本　　　　25 806.45

　　　　　　——辅助生产成本　　　　24 193.55

　贷：制造费用　　　　　　　　　　　　50 000.00

（2）辅助生产车间为基本生产车间、企业管理部门和其他部门提供的劳务和产品（比如水、电、供暖等），期（月）末按照一定的分配标准分配给各受益对象。业务处理如下。

借：生产成本——基本生产成本（基本车间占用）

　　生产成本——辅助生产成本（其他辅助车间占用）

　　管理费用（管理部门占用）

　　销售费用（销售部门占用）

　　其他业务成本（其他业务占用）

　　在建工程（在建工程项目占用）

　贷：生产成本——辅助生产成本

（3）期末，按照一定的方法，将按产品归集的累计费用在已完工产品和在产品之间进行分配，计算出完工产品和期末在产品的实际成本，然后，将完工产品负担的生产费用从“生产成本”账户转入“库存商品”账户。

借：库存商品

　贷：生产成本——基本生产成本

3. 实务例证解析三

易达公司 2 月产成品入库汇总表如表 1–5 所示。

表 1–5 入库单

入库部门：产成品库			入库日期：2×20 年 2 月 25 日		
产品名称	规格型号	入库数量（件）	单价（元 / 件）	金额（元）	仓库
N	****	200	14.38	2 876.00	产成品库
O	****	300	15.87	4 761.00	产成品库
P	****	180	17.60	3 168.00	产成品库
Q	****	200	22.09	4 418.00	产成品库
合计		880		15 223.00	产成品库
制单：刘菲菲		审核：方芳		记账：张丽丽	

会计处理如下。

借：库存商品——N 产品　　2 876.00
　　　　　　——O 产品　　4 761.00
　　　　　　——P 产品　　3 168.00
　　　　　　——Q 产品　　4 418.00
　贷：生产成本——基本生产成本　　15 223.00

生产成本科目期末借方余额，反映企业尚未加工完成的在产品成本。

接上两例可看出，“生产成本”科目有借方的余额，A 材料对应生产的 N 产品与 C 材料对应生产的 P 产品均如数完工入库，B、D 材料未完工验收入库的部分即在产品。

1.6 关于成本核算相关重要问题的思考

（1）如何将成本核算做好？

真实、全面、准确、及时是成本核算的第一要义。

第一将成本内容分类，如人工费、材料费、物料消耗、运输费、水电及管理费用等。第二是熟悉定额控制，一般的产品都有定额，加工费定额、材料费定额。核算前要了解清楚，将相应的实际支出与定额对比，对超定额、结余的原因进行查找总结。第三要进行材料盘点，一般材料费占比较大，所以材料稽核、盘点等工作也在成本核算范围之内，账账相符、账实相符的连续结构保持不变。第四要清楚本企业的产品生产过程，这样才能清楚产品真实发生成本各项支出的合理性。第五是关于成本核算数据的总结分析。所有数据核算后要及时进行分析总结，为企业的生产运营提供有效的数据资料。系统来说，就是要对企业的成本有统观的概念。如服装公司的一件衣服加工，要从布料、裁剪、缝制、辅料装置、熨烫、定型、包装等工序，以及每个工序的用时、料耗、工耗等细节进行核算，在成本核算数据分析中很明显就能够看出每一道工序成本费用的增减变化。从而得知是生产管理的环节问题还是工人的操作熟练等原因。得出分析结果后可以为企业的生产管理确定目标和位置。

（2）如何让核算数据说话产生力量？

成本核算数据的主要意义在于为企业运营和生产管理提供合理有效的依据。

在市场经济的今天，信息价值时代，谁的信息快速、准确，谁就更能够在市场中把握有利时机，在市场运作中更胜一筹。所以成本核算人员能否将数据真实、准确、及时地提供出来，使其为企业生产加工监督和成本控制服务，在保证产品质量的同时将成本控制在最低水平，产品生产过程中的不必要损耗减到最低，这是企业经营者共同关心的问题。如果不能够把握真实、准确、及时的要点，就很难实现成本核算的真正意义。生活中有很多这样的情况：如 ABC 公司在爱华企业集团的招标项目中，针对公司的特殊产品性能要求及时回传公司信息部，并在第一时间反馈给投标公司相应的产品信息介绍及性价比。在竞标中以快速而真实合理的流程赢得了爱华公司的巨额招标项目，使公司的生产和发展更上一层楼。

（3）如何看待产品的不合格率、损毁率、返修率等问题，并采取怎样行之有效的方法去降至最低，也与成本核算密不可分。

这些问题的存在不能单一归为某一环节，如生产加工环节有可能存在人员的大意，也有可能使原材料的质量产生了问题，还有可能因机器检修存在疏漏导致零部件的加工过程质量未达标，或者在生产完成后的运输、包装环节发生了不当操作，无论哪一个环节出现问题，最终导致产品的不合格率、损毁率、售后的返修率使企业的运营管理成本增加，解决这些问题离不开一套精准而完善的成本核算体系，时刻关注成本数据变动，通过企业自身环节、行业数据比较分析、找到问题所在，做出调整和管控是实现成本核算的真正价值所在。

1.7 成本构成要素解读

真正做好成本核算绝非易事，百姓常讲的“不当家不知柴米贵”道理就在此。就像生活中做同一道菜，受不同的人（工耗）、不同的地方（环境条件）等因素影响，成本就会有差异，即便同一个人在不同的季节做同一道菜，所需原材料（物耗）的价格成本也不相同。所谓世上无难事，只怕有心人。找到成本中的变动要素，根据实际供需关系合理调控才能实现最优管控。

成本 =1+2+3= 材料费用 + 人工费用 + 制造费用（物耗 + 工耗 + 费耗），生产成本构成简图如图 1-4 所示。

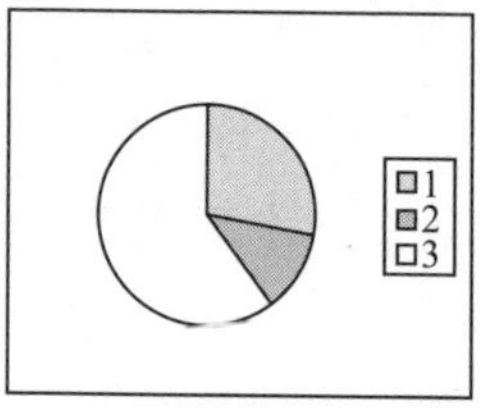

图 1–4　生产成本的构成

成本构成要素：物耗，即加工产品的原材料耗用；工耗，就是从生产开始到完工成品各工序环节的直接人工费用；费耗，就是生产管理工作中产生的耗费及机器生产线等设备的折旧费用，所以企业成本核算的控制中心就在这几项要素中开展。

产品定价、市场的定位、营销策略等透过成本核算的数据反映可以找到自身的同比、环比差异、提高效率，发现并及时解决影响产品成本的问题。完善管理中的漏洞，减少和避免浪费等将在第 5 章详讲。做成本核算不是做计算器，而是企业的“总管家”，可谓运筹帷幄、成竹在胸。

1.8 成本、利润、收入的关系

销售单价＝成本 + 毛利

销售单价 × 销售数量＝销售收入

收入 – 成本 – 费用＝利润

则有：销售单价 × 销售数量 – 成本 – 费用 = 利润

成本费用是收入和利润的直接决定因素，费用的发生也依赖于成本的变动。等式左边即产品的销售定价即收入要依赖成本决定，右边的利润是收入减掉成本费用的余额。

由此关系就可以清楚地知道财务数据中成本核算是一个企业的核心命脉所在。产品定价单与产品成本的关系如表 1–6 所示。

收入由售价决定，售价除考虑成本补偿外，还要受市场同类产品价格因素的影响。如收入不变，使利润最大化的唯一途径就是降低成本和费用。如果没有生产加工及销售过程，产品不构成循环，相对费用也就为零，成本就是可调控的唯一目标和对象。成本越低、利润就越高。由此我们也可以清楚地看到，成本核算为什么越来越被重视。企业的领导者总试图找到更好的数据信息，去有力证明企业的成本在管理过程中，随着核算体系的健全和完善，会压缩出更多的利润空间。具体的核算方法、软件的引入和应用都离不开企业的整个成本形成过程，成本费用与利润是呈反向变化的状态。

表 1-6　产品定价单与产品成本的关系

公司产品基准价明细表					
			文件编号		
			编制部门		
			制表日期		
			版本/版次		
			页　码		
客户代码			客户名称		
合同编号			订单编号		
物料代码			物料名称	石油化工流程泵	
规格型号	HU100-5315G		配置要求		
外购配套毛利率（%）	28.00%		水泵泵头毛利率（%）	28.00%	
项目	产品基准价（元/台）		项目	产品基准价（元/台）	
	预算	核算		预算	核算
一、设备本体基准价	-	112,633.06	四、专用工具基准价	-	-
1、电机部分基准价	-	40,952.75	其中：专用工具成本		
其中：电机部分成本	-	29,485.98	专用工具毛利	-	-
电机部分毛利	-	11,466.77	五、运输费用	-	-
2、水泵部分基准价	-	71,680.31	其中：运输距离（公里）		
其中：直接材料成本	-	46,622.89	单价（元/每公里）		
直接人工成本	-	858.15	六、安装费基准价	-	-
制造费用成本	-	4,128.79	其中：安装成本		
水泵部分毛利	-	20,070.49	安装毛利	-	-
二、包装物基准价	-	-	七、技术服务费基准价		
其中：包装物成本	-	-	税）		
包装物毛利	-	-	其中：含备品备件、专用工具	-	
三、备品备件基准价	-	-	具	-	
其中：备品备件成本	-	-	九、附件资料		
备品备件毛利	-	-	十、说明事宜		

说明：

1、X_1%表示既定的外购配套部分销售毛利率，X_2%表示既定的水泵泵头部分销售毛利率，如其它相关部分销售毛利率与水泵泵头部分销售　毛利率则按其销售毛利率计算，其他均按"关于规范工业泵板块销售报价、咨询费用及合同评审的管理办法"规定执行；

1.9 成本核算解读及例证

成本核算的流程必须真实详细记录和载明产品的生产加工全过程。从"原材料购入——领用出库——材料的产品分摊"，如做人一样打不得半点折扣，计算过程也是要不得半点马虎。如果自己家做一盘地三鲜，买茄子、土豆和辣椒（直接材料）花 5 元，这道菜成本一定不是 5 元，因为还有做菜人（直接人工）的付出、柴油盐（辅助材料）的消耗，一道菜上很难看出问题，而年年月月积累起来形成的是大笔成本费用，所谓的量变积累就会引起质变。这就是企业老板总会问为什么产品卖得很好，成本也不高，辛苦了一圈却不见利润的原因之一。

1.10 核算工作的前提和准备工作

成本核算前的准备工作，如图 1–5 所示。

- 要熟悉产品的工序、加工流程。
- 清楚每一步所产生的料、工、费等相关数量、单价、金额。
- 确定选择适用的核算方法，掌握软件的应用。

（1）原材料物资。包括材料物资验收入库单、领料单、退料单（领料的冲回金额为负数）、废料收回单、材料报损报废单、材料盘盈盘亏报告单等。

（2）劳动工资原始记录。包括考勤表、请假单、加班加点记录单、工资结算单、工资和奖金分配支付表等。

（3）产品加工原始记录。包括加工工艺单、个人和班组生产记录、在产品盘存记录表、在产品盘盈盘亏报告单、设备运转记录、动力消耗单等。

（4）产品原始记录。包括在产品、半成品工序转移单、产品质量检验单、产品入库单、出库单、发货记录单、产成品盘盈盘亏报告单等。

（5）固定资产原始记录。包括固定资产验收单、盘盈盘亏报告单、验资报告等。

（6）财务会计业务处理原始记录。包括现金收款单和支款单、报销单、转账通知单等。

（7）应加强原始记录管理，实行全企业原始记录统一化和标准化以及统一领导、归口分级管理的制度，以确保原始记录及时、准确、全面。

图 1–5 核算工作的前提

本章小结

1. 生产成本的构成要素有哪些?

简单来说就是料、工、费。从原材料及主要材料、人工费用中又分为直接人工费用和间接人工费用，费即指制造费用及相关的辅助材料耗费。

2. 成本与收入费用利润的关系?

在忽略其他期间费用的情况下：收入 - 成本 = 利润，因此控制成本是提高利润的主要途径，成本核算也就在企业中显得尤为重要。成本核算不只为产品的定价服务，还会给经营管理者提供有价值的数据信息，为企业的生产管理服务。

3. 成本核算相关的会计科目有哪些?

相关会计核算科目可以分为"生产成本"、"制造费用"、"劳务成本"、"研发支出"和"工程施工"等，不同科目分别适用于不同的行业，本书内容只涉及前两个科目。根据企业的生产实际情况分别设置："基本生产成本""辅助生产成本"等二级明细，还可进一步设置"** 产品""自制半成品"等，发生时根据情况直接计入"生产成本"的借方，期末再将结转入库的部分转入"产成品"科目。

4. 成本核算的相关基础原始单据有哪些?

原材料入库单、出库单、人工费用核算单、生产用固定资产折旧表、辅助材料及机物料消耗汇总表、制造费用明细汇总表等。这些都是产品生产过程中发生的耗费明细，需要根据相应的发生时间和加工程序按步骤和一定的方法计入相关的产品生产成本中去。

第 2 章

要素费用与成本项目

在生产加工过程中，构成产品生产的各项料、工、费要素费用，可以按不同的标准进行分类。在成本核算中，生产费用一般按生产费用的经济内容进行分类，依据是在生产过程中消耗了什么、消耗了多少工费（人工成本）和物耗（材料成本），凡是为生产产品和提供劳务而开支的货币资金以及消耗的各项实物资产，均属于费用要素。

2.1 生产费用分类方式

1. 加工制造业生产费用的分类

加工制造业的生产费用一般按六项要素费用分类，具体分类方式如图 2-1 所示。

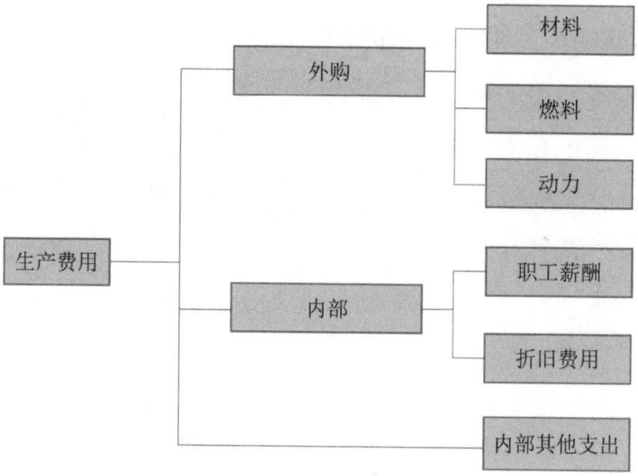

图 2-1　生产费用的分类方式

（1）外购材料：指企业为了生产产品和提供工业性劳务，而消耗的由外部购入的原料及主要材料、辅助材料、外购半成品、外购周转材料（如包装物和低值易耗品）等。

（2）外购燃料：指企业为生产产品和提供劳务而耗用的一切外购的各种固体、液体、气体燃料。

（3）外购动力：指企业为生产产品和提供劳务而耗用的一切由外部购入的电力、蒸汽等各种动力。

（4）职工薪酬：指企业为生产产品和提供劳务而发生的职工工资、福利费、各项社会保险及住房公积金等。

（5）折旧费：指企业的生产单位（车间、分厂）按规定计提的固定资产折旧费，如机器设备、厂房、车辆等。

（6）其他支出：指企业为生产产品和提供劳务而发生的不属于以上要素的费用支出。如车间发生的办公费、差旅费、水电费、保险费等。

以上分类，是指对那些计入产品生产成本的费用所进行的分类，未包括期间费用。

2. 生产费用按经济用途分类

生产费用的经济用途，指生产费用在生产产品和提供劳务过程中的实际用途。生产费用按经济用途分类，通常称为成本项目，也就是构成产品生产成本的项目，即（料、工、费）工业企业产品的生产成本（制造成本），一般可分为以下三个成本项目。

（1）直接材料：包括企业生产过程中实际消耗的原材料、辅助材料、设备配件、外购半成品、燃料、动力、包装物以及其他直接材料。

（2）直接人工：包括企业直接从事产品生产人员的工资薪酬、福利费以及企业为职工计提的各项社会保险和住房公积金等。

（3）制造费用：指生产单位（车间、分厂等）为组织和管理生产发生的间接费用，和一部分不便于直接计入产品成本，而没有专设成本项目的直接费用（如机器设备的折旧费）。

制造费用包括企业生产单位管理人员的工资薪酬、固定资产的折旧费、机物料消耗、低值易耗品摊销、取暖费、办公费、劳保费、运输费、保险费等。因为是管理和维护整体生产而发生的，不能直接归属于某一种产品的成本中，所以统找一个“管家”，名字叫制造费用，归集后按月以一定的核算方法分配到产品成本中去。

以上是生产成本中三个主要的成本项目。企业可以根据生产特点和管理要求适当增加一些成本项目，如“燃料和动力”“废品损失”“停工损失”等。

3. 生产费用按与产品生产的关系分类

生产费用按与产品生产的关系分类，可分为直接费用和间接费用两类。

（1）直接费用：指消耗时能够直接形成产品实体或有助于产品形成的费用，包括直接材料费、直接人工费、机器设备折旧费等。如生产中式纯色 24×6.5 规格筷子 1 副，耗用木料 80 g，价值 1.25 元。车间领用的木料直接归属于此规格的筷子，领用时即直接计入产品生产成本中。

（2）间接费用：指消耗后与产品的形成没有直接关系的费用，如车间管理人员的职工薪酬、车间办公费、保险费、取暖费，虽不属于任何一个特定产品，但其发生也是为所有产品生产所消耗。费用的最终归属分配需要按一定的标准和方法在所生产的产品中进行分摊。

4. 生产费用按照与产量的关系分类

生产费用按照与产量的关系可分为变动费用和固定费用，如图 2-2 所示。

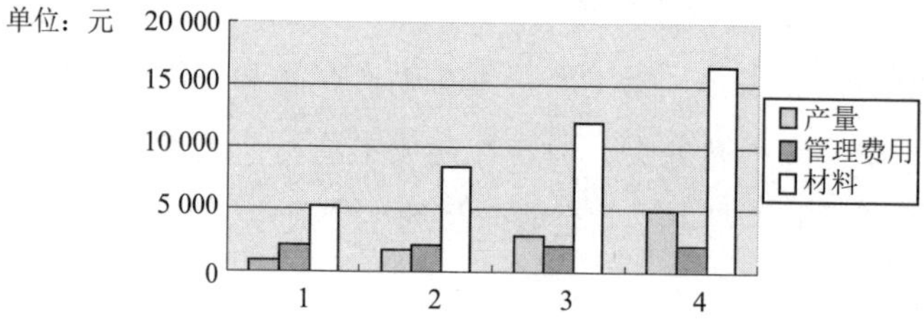

图 2-2　生产费用与产量的关系

（1）变动费用。是指费用总额随着产品产量的变动而成正比例变动的费用，如图中材料图柱所示。生产产品产量越多，材料费用的消耗也就越多；反之，材料费用的消耗也就越少。所以变动费用是根据产量的变化而变动的费用，也称为变动成本。如木筷生产的数量越多，需要领用的原材料木料就越多。

（2）固定费用。是指费用总额与产品产量没有直接联系而相对固定的费用，如制造费用中的办公费、折旧费（图 2-2 中的管理费用图柱），固定费用也称为固定成本。

正确区分变动费用和固定费用，有助于进行成本预测和成本分析，寻求降低产品成本的途径。变动费用随着产量的变化而变动，要降低变动费用应从降低单位产品消耗入手。固定费用与产量变动的关系不大，要降低固定费用应从提高产量和减少固定费用的绝对额入手。

无论用什么方法，怎样的标准分类，都围绕着“料”“工”“费”这三项内容。

方法有很多，学习和使用的目的都只有一个，就是将成本核算做到准确、及时。在实务应用中选择适合企业的实际情况就是最好的，无论哪种方法，核心都只有一个，“条条大路通罗马”，成本核算中的“罗马”就是产品，而产品的组成要通过料、工、费的不同组合成型。

▼相关知识扩展：材料的采购与发出计价

1. 实际成本计价方式下发出材料成本确定

发出材料实际成本的确定可以采用以下几种方法：先进先出法、全月一次加权平均法和个别计价法。

实际成本计价材料的购进价格与发出价格一致，材料发出时按购进入库的顺序领用，计价成本就是购进入库的价格。

【例 2.1】某公司本月购进原材料 3 批，分别为 1 日、10 日、13 日，数量分别为 100 千克、200 千克、150 千克，单价分别为 10 元、13 元、13.5 元。15 日加工生产车间领用生产原材料 150 千克。则领用材料的成本计算如下：

100 × 10+50 × 13=1 650（元）

关于方法的说明：去罗马的路总有很多，每个行者都会选择适合自己的路去走，找到一条适合自己的就好。本书中各种成本核算中涉及的计算方法，哪一种方法适合哪种企业和产品加工类型，最后要由核算人根据企业的生产实际情况去决定，原则只介绍工业生产加工企业普遍适用的方法。

2. 计划成本计价方式下发出材料成本确定

计算公式为：

❶ 入库材料成本差异额 = 入库材料实际成本 − 入库材料计划成本

❷ 本月材料成本差异率 =（月初结存材料成本差异 + 本月入库材料成本差异）÷（月初计划成本 + 本月购进计划成本）× 100%

❸ 发出材料应负担的材料计划成本 = 发出材料数量 × 材料计划单价

上月材料成本差异率 = 月初结存材料成本差异额 ÷ 月初结存材料计划成本 × 100%

❹ 发出材料应负担的材料成本差异 = 发出材料计划成本 × 材料成本差异率

❺ 发出材料实际成本 = 发出材料计划成本 + 发出材料应负担的材料成本

差异额

【例 2.2】易达公司 2 月 15 日收到仓库转来入库单一张，开来增值税发票一张，金额 17 659.47 元，进项税额 2 031.62 元，材料价款 15 627.85 元。易达公司原材料核算采用计划成本法。单据内容如表 2–1 所示。

表 2–1 采购入库单

供应商：兴盛材料厂　　入库日期：2×20 年 2 月 1 日

原材料名称	规格型号	入库数量（kg）	单价（元/kg）	金额（元）	计划单价（元/kg）	金额（元）	仓库
A	****	200	12.50	2 500.00	12.00	2 400.00	原材料库
B	****	355	13.80	4 899.00	13.50	4 792.50	原材料库
C	****	180	15.30	2 754.00	15.00	2 700.00	原材料库
D	****	285	19.21	5 474.85	19.00	5 415.00	原材料库
合计		1 020		15 627.85		15 307.50	原材料库

入库人：李丹　　制单：王月　　审核：吴晓晴　　记账：张丽丽

因采用计划成本法核算原材料，因此在入库时的原材料成本应为：

实际入库数据 × 计划单价，

则公司的财务原材料入库做如下相应会计业务处理。

（1）收到发票时：

借：材料采购　　15 627.85

　　应交税费——应交增值税（进项税额）　　2 031.62

　贷：应付账款——兴盛材料厂　　17 659.47

（2）产品验收入库时：

借：原材料　　15 307.50

　　材料成本差异　　320.35

　贷：材料采购　　15 627.85

（3）银行存款支付货款时：

借：应付货款——兴盛材料厂　　17 659.47

　贷：银行存款　　17 659.47

由上表列示数据信息不难看出，采购的成本实际为 15 627.85 元，较原计划的 15 307.50 元超支 320.35 元。在成本分析中，此数据可以找出相应的原因，可能是原材料上涨，或者运输成本的增加导致。根据实际情况可以提出相应的管理方案，调整企业的整体运营方案，使企业的利润不受影响。

【例 2.3】易达公司 2 月 21 日收到材料库转来生产部门领料单据一张，如表 2-2 所示。

表 2-2　领料单（单价：元 /kg、数量：kg）

领料部门：	生产部	领料用途：	生产 M 计划	领料日期：	2×20 年 3 月 12 日		
原材料名称	规格型号	领用数量（kg）	单价	金额（元）	计划单价	金额（元）	发料仓库
A	****	200	12.50	2 500.00	12.00	2 400.00	原材料库
B	****	355	13.80	4 899.00	13.50	4 792.50	原材料库
C	****	180	15.30	2 754.00	15.00	2 700.00	原材料库
D	****	285	19.21	5 474.85	19.00	5 415.00	原材料库
合计		1 020		15 627.85		15 307.50	原材料库
领料人：	李丹	制单：	王月	审核：	吴晓晴	记账：	张丽丽

因为材料的出入库核算均采用计划单价，所以在领料单中同样还是存在差异。假设月初相同产品的计划成本为 12 334 元，成本差异为 241 元，根据公式发货材料的计划成本 =15 307.50 元。

本月材料成本差异率 =（241+320.35）÷（12 334+15 307.50）× 100% ≈ 2%

发出材料应负担的成本差异 = 发出材料计划成本 × 成本差异率

=15 307.50 × 2%=306.15（元）

生产车间领用原材料：

借：生产成本——基本生产成本　　　　15 307.50

　　材料成本差异　　　　306.15

　贷：原材料　　　　15 613.65

实行计划单价管理的单位，才会有“材料成本差异”，否则不存在成本差异问题。在实际业务中，企业根据需要设置材料成本差异科目核算各种材料的实际成本与计划成本的差异，借方登记实际成本大于计划成本的超支额及发出材料应负担的节约额，贷方登记实际成本小于计划成本的节约额以及发出材料应负担的超支额。外购材料的材料成本差异，在一定程度上反映材料采购业务的工作的质量。本书仅举此例，后对材料成本差异科目的核算不再细述。

2.2 材料费用的归集和分配

前面对成本核算的要素费用与成本项目，材料的购进、领用业务中涉及成本差异的情况做了相应介绍，接下来我们讲到的材料都是在生产过程中的相关概念。

下面继续细化分解，材料费用一般按用途分为以下几大类，如图 2-3 所示。

- 原材料。
- 辅助材料。
- 燃料、修理用备件。
- 低值易耗品。
- 包装物 。

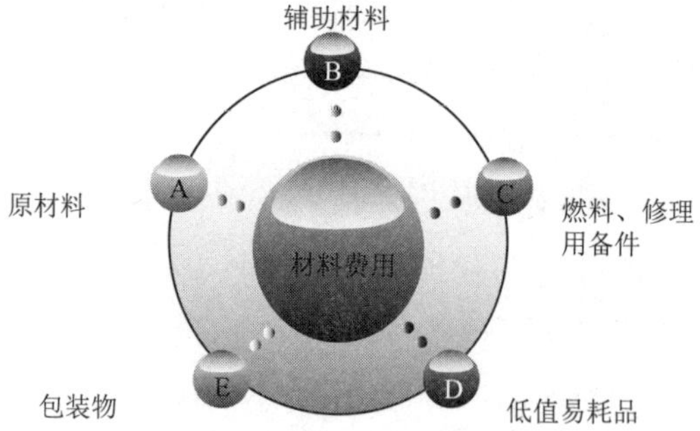

图 2-3　材料费用的分类

原材料是企业生产经营过程中用于加工产品构成的主要材料耗费；动力费用是企业在生产经营过程中消耗电力、热力等形成的费用。

2.2.1 原材料及主要动力的归集和分配

原材料是指经过加工后，构成产品主要实体的各种原料、材料等。如面粉厂、淀粉厂的小麦、玉米、红薯等，木料加工厂、家具厂的原木，棉纺厂的原棉，冶炼厂等的矿石、针织厂的棉纱、造纸厂的纸浆等。原材料的主要特点是能够直接构成产品实体的主要部分。主要动力是产品构成的主要动力资源，如水力、风力、电力、热力等。

1. 产品生产过程领用原材料的程序和处理

在生产加工过程中，关于原材料的领用程序和处理，应根据相关的凭证（领料单、出库单等）归集在:“生产成本”科目中进行核算。动力费用如果耗用量不大，可以不设“生产成本——燃料动力”科目，直接计入制造费用中，在月末统一按一定的方法分摊到产品成本中，如图 2-4 所示。

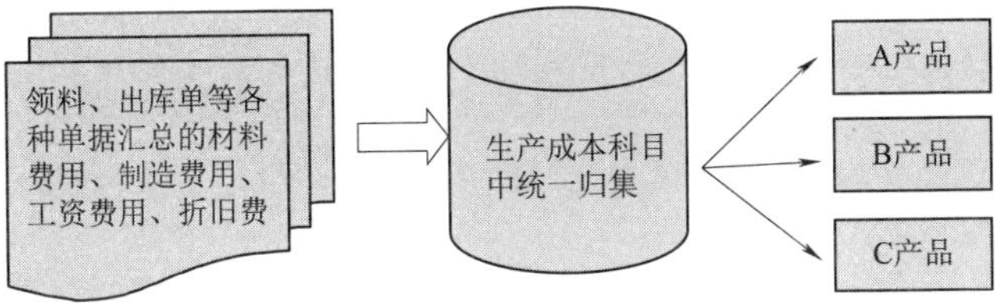

图 2-4　原材料的归集

在发生领用原材料业务时，计入“生产成本”科目的借方，“生产成本”科目按构成产品的性质、品类、名称列示二、三级明细科目。月末时按照实际入库的产品明细，结转“生产成本”科目贷方至“库存商品”“产成品”科目借方。

2. 材料费用的分配方法

材料费用的分配方法有多种，根据企业产品生产形式的不同，选择的分配标准和方法也不同。计算的方法多自然涉及的公式就有所区别，但无论什么公式都是为了一个正确的计算结果。在公式中有规律可循，即公式规律：分子是被分配的内容（制造费用、材料费用、人工费用、燃料费用、动力费用），分母是费用承担对象（产品）。但要找到承担对象中相关的条件（重量、工时、产量）总和，结果就是分配率。

属于某一产品应承担部分＝分母中该产品的部分 × 分配率

【例 2.4】机加 1 车间领用原材料 50 kg，单价 30 元 /kg，生产加工 A 螺钉 6 × 8 规格为 10 000 个，单重 0.003 kg，B 螺钉 8 × 12 规格 5 000 个，单重 0.004 kg。生产原材料损耗忽略不计，则两种规格的螺钉产品材料费用分配适合选择重量比例分配法计算。会计业务处理为：

借：生产成本——A 产品	900	
生产成本——B 产品	600	
贷：原材料		1 500

一般材料费用的分配标准有定额耗用量分配法、定额费用分配法、重量比例分配法、实际产量分配法等。

（1）定额耗用量分配法。

定额耗用量分配法是指以一定数量的产品，按材料消耗定额计算的可以消耗的材料数量限额为比例，来进行材料费用分配的方法。其计算公式如下：

材料费用分配率 = 材料实际总耗用量 ÷ 各产品定额耗用量总量

某产品材料定额耗用量 = 该种产品成本实际产量 × 单位产品材料消耗定额

某产品分配的材料费用 = 该产品的材料定额耗用量 × 材料费用分配率

【例 2.5】易达公司 2 月份生产车间共领用 M 材料 5 000 kg，单价 12 元/kg，生产 A、B、C 三种产成品。产量分别为 8 000 件、5 000 件、4 000 件，产品定额耗用量分别为 3 kg、4 kg、5 kg，则有如下计算过程如下。

材料费用分配率＝（5 000 × 12）÷（8 000 × 3+5 000 × 4+4 000 × 5）＝ 0.937 5

A 产品材料定额耗用量＝ 8 000 × 3 ＝ 24 000（kg）

B 产品材料定额耗用量＝ 5 000 × 4 ＝ 20 000（kg）

C 产品材料定额耗用量＝ 4 000 × 5 ＝ 20 000（kg）

A 产品分配的材料费用＝ 24 000 × 0.937 5 ＝ 225 00（元）

B 产品分配的材料费用＝ 20 000 × 0.937 5 ＝ 187 50（元）

C 产品分配的材料费用＝ 20 000 × 0.937 5 ＝ 187 50（元）

业务处理（分录二级明细省略）：

借：生产成本——A 产品	22 500
——B 产品	18 750
——C 产品	18 750
贷：原材料——M 材料	60 000

本题中给出的是各种产品的材料定额耗用量指标，因此适用此方法进行计算。在实务计算方法的选择上，一方面根据企业的行业生产类型、特点，另一方面要注意整个生产加工流程中，哪些数据和指标更容易获得，以方便记录、核算，节省时间，提高效率。

（2）定额费用分配法。

定额费用分配法是以一定数量的产品，按材料的费用定额计算材料费用的限额为比例，进行材料费用分配的方法。其计算公式如下：

材料费用分配率 = 材料实际总消耗金额 ÷ 各种产品材料定额成本总和

某种产品材料定额费用 = 该种产品的实际产量 × 单位产品材料消耗定额费用 × 该种材料定额费用（计划单价）

某种产品分配的材料费用 = 该种产品材料定额耗用量 × 材料费用分配率

【例 2.6】接上例：易达公司 2 月份生产车间共领用 M 材料 51 700 kg，单价 12 元 /kg，生产 A、B、C 三种产品。产量分别为 8 000 件、5 000 件、4 000 件，产品材料定额耗用分别为 2 kg、3 kg、4 kg，则有如下相关计算。

材料费用分配率 =51 700 ÷（16 000+15 000+16 000）=1.1

A 产品材料定额耗用 =8 000 × 2=16 000（kg）

B 产品材料定额耗用 =5 000 × 3=15 000（kg）

C 产品材料定额耗用 =4 000 × 4=16 000（kg）

A 产品分配的材料费用 =16 000 × 1.1 × 12=211 200（元）

B 产品分配的材料费用 =15 000 × 1.1 × 12=198 000（元）

C 产品分配的材料费用 =16 000 × 1.1 × 1.2=211 200（元）

业务分录：

借：生产成本——基本生产成本——A 产品　　211 200

——B 产品　　198 000

——C 产品　　211 200

贷：原材料——M 材料　　620 400

（3）重量比例分配法。

重量比例分配法是以各种产品的重量作为分配标准，分配共同发生的材料费用的方法。其计算公式如下：

材料费用分配率 = 材料实际耗用总量 ÷ 各种产品重量的总和

某种产品分配的材料费用 = 该种产品的重量 × 材料费用分配率

【例 2.7】易达公司 2 月份生产车间共领用 M 材料 50 000 kg，单价 12 元/kg，生产 A、B、C 三种产成品。产量分别为 8 000 件、5 000 件、4 000 件，产品材料重量分别为 10 kg、20 kg、30 kg（按重量比例分配法），则有如下相关计算。

材料费用分配率 =（50 000 × 12）÷（8 000 × 10+5 000 × 20+4 000 × 30）× 100%=2

A 产品分配的材料费用 =8 000 × 10 × 2=160 000（元）

B 产品分配的材料费用 =5 000 × 20 × 2=200 000（元）

C 产品分配的材料费用 =4 000 × 30 × 2=240 000（元）

会计账务处理同上（略），注意计算中以重量为分配标准。

（4）实际产量分配法。

实际产量分配法是以产品的实际产量作为分配标准分配材料费用的方法。其计算公式如下：

材料费用分配率 = 材料实际总耗用量 ÷ 各产品产量总和

某种产品分配的材料费用 = 该种产品产量 × 材料费用分配率

【例 2.8】易达公司 2 月份生产车间共领用 M 材料 50 000 kg，单价 12 元 /kg，生产 A、B、C 三种产成品。产量分别为 8 000 件、5 000 件、4 000 件，产品材料重量分别为 10 kg、20 kg、30 kg，按实际产量比例分配法，计算数据保留两位小数。则有如下相关计算。

材料费用分配率 =（50 000 × 12）÷（8 000+5 000+4 000）× 100%=35.29%

A 产品分配的材料费用 =8 000 × 35.29=282 320（元）

B 产品分配的材料费用 =5 000 × 35.29=176 450（元）

C 产品分配的材料费用 =4 000 × 35.29=141 160（元）

注：因为小数和四舍五入引起的结果误差 70 元。

在材料费用实际产量的分配法中，掌握一个原则，公式的分母是各种产品实际产量之和，分子是待分配的原材料费用总计。

2.2.2 燃料动力的分配

燃料动力费用在企业的生产经营过程中按来源途径分为外购与自制两种，供企业的生产用机械在运转或作业中正常耗用。如煤炭、木材、热能、水、电耗、各种油耗等费用。燃料动力费用的归集根据企业的实际生产需要，可设置“燃料动力”明细科目。在生产车间发生燃料、动力费用时计入“燃料动力”科目的借方。月末按照实际产品应分摊的费用，将“燃料动力”科目的贷方结转入“库存产品”“产成品”科目借方。

燃料动力的分配可以用产品实际或定额消耗工时、机器功率时数（机器功

率 × 机器运转小时数）、定额动力耗用量等作为分配标准。

【例 2.9】易达公司 2 月份燃料及动力消耗分配如表 2–3 所示。（产品以件为核算对象，费用消耗以度为核算对象）

表 2–3　易达公司 2×20 年 2 月辅助材料分配表

项目	待分摊费用（元）	部门、产品	产量（T）	单位消耗定额（T/度）	单价（元/T 度）	定额耗用（元）	分配率	分配金额（元）
燃料	30 000	生产部 A 品	3	0.5	6 000	3 000	23%	6 900
		生产部 B 品	2	0.5		3 000	15%	4 500
		生产部 C 品	5	0.8		4 800	62%	18 600
小　计								30 000
电费	96 000	生产部 A 品	3	7 000	1.2	8 400	26%	24 960
		生产部 B 品	2	8 000		9 600	20%	19 200
		生产部 C 品	5	6 000		7 200	37%	35 520
		辅助机修部		5 000		6 000	6%	5 760
		辅助装配部		3 000		3 600	4%	3 840
		管理部门		6 000		7 200	7%	6 720
小　计								96 000

表 2–3 公式解读：A 产品定额耗用量 = 产量 × 单位消耗定额，B、C 产品以此类推。

制造费用分摊会计业务处理分录如下。

借：生产成本——基本生产成本　　109 680

　　生产成本——辅助生产成本　　9 600

　　管理费用——水电燃料　　6 720

　贷：应付账款——燃料公司　　30 000

　　　预付账款——电业公司　　96 000

本例中未进行单独设置“生产成本——燃料动力”科目，统一放在了制造费用中进行分配。由表格和业务处理过程可以看出，燃料费用是供给 A、B、C 产品生产，电费用的分配涉及辅助车间。总的辅助费用 126 000 元，其中产品分配占总燃料费用的 100%。电费用在产品成本中占比为 83%（26%+20%+37%）。具体分配明细可见表 2–3。分录记入“生产成本——辅助生产成本”明细的金额 9 600 元，就是表 2-3 中的机修车间和装配车间分配占用的电费金额合计。管理部门分配率为 7%，金额 6 720 元。

2.2.3 其他辅助材料的归集和分配

企业生产加工一件产品，除了相应原料、水电能耗等，还需要一些辅助性材料。如工具、模具、修理用备件、零件等，入库时作为周转材料或者原材料的辅助材料部分，又可直接销售的作为库存商品。在生产领用时就按照领用的数量和入库时的单位成本进行成本费用的归集和计算。

在领用辅助生产材料时，计入“生产成本——辅助生产成本”科目的借方，在月末按实际产品的完成情况，由“生产成本”科目的贷方转入“库存产品”“产成品”科目的借方。余额在借方通常表示领用在生产加工过程中的辅助材料情况。

会计分录如下。

借：生产成本——辅助生产成本

　贷：原材料等

【**例 2.10**】易达公司 2 月份机加生产 1 车间为生产 A 产品领用辅助材料明细，如表 2-4 所示。

表 2-4　辅助材料领用汇总表

领料部门：	机加 1 车间	领料用途：	生产 A91 计划	领料日期：	2×20 年 3 月 12 日
原材料名称	规格型号	领用数量（个）	单价（元 / 个）	金额（元）	发料仓库
胶带	****	160	2.50	400.00	辅助材料库
扳手	****	15	8.50	127.50	辅助材料库
螺帽	****	210	0.80	168.00	辅助材料库
螺钉	****	155	1.20	186.00	辅助材料库
—		—		—	
合计				881.50	
领料人：	李雪	制单：赵军	审核：	吴晓晴	记账：张丽丽

根据单据内容进行如下业务处理。

借：生产成本——辅助生产成本——A 产品　　881.50

　贷：原材料——辅助材料　　881.50

生产加工过程简单的企业不设辅助生产成本明细科目，只是将辅助材料发生时直接计入制造费用，在月末时按照一定的分配方法再分摊到产品成本中去。但是有必要分明细核算的企业，如很产品多、加工生产流程复杂的企业，辅助材料多达几千种，若不进行分类明细管理会很乱，需要设置辅助生产成本明细账，辅助材料从购进时即入库到辅助材料库进行管理。企业在管理过程中明细科目和级别都可以根据实际情况的需要进行设置，可按性质级次设置“原材料——辅助材料——工具——扳手——** 规格扳手”等明细。

2.3 人工费用的归集和分配

人工费用是在企业生产经营过程中人力耗费的各项总和，包括管理人员、生产加工人员的所有工资及相关福利待遇等费用。管理人员的费用属于企业成本核算中的间接人工费用，它不能够直接计入某一种产品的成本，只能在月末时通过一定的方法分摊计入。直接用于产品生产的人工耗费，生产加工车间及相关部门的人员工资、福利、保险等费用，属于产品生产耗费的归集对象，对于能够直接计入相关产品的人工费用，即指一线生产工人生产期间的工资费用，通过：“生产成本——基本生产成本——人工费”核算，不能够计入某种产品的部分要通过制造费用进行分摊，分摊时的方法根据企业的实际生产情况进行选择。

【例 2.11】易达公司 2 月份机加 1 车间产品直接人工费用明细表，如表 2–5 所示。

从产品记录单上可以看到，加工工序和工资耗费都分别计入相应的产品明细中，因此这些人工耗费属于直接人工耗费。在业务处理中直接计入“生产成本——基本生产成本——** 产品”

会计分录如下。

借：生产成本——基本生产成本——直接人工——B 产品　　709.83

　　生产成本——基本生产成本——直接人工——Y 产品　　374.73

表 2-5　易达公司 2 月机加 1 车间产品直接人工费用明细表

编制部门：机加 1 车间

制表日期：2×20-2-28

备注：加工工时（分钟 / 件）　工价（元 / 时）

物料名称	材质	数量（件）	工费小计	工时小计	工艺名称	加工工时	工价	工艺名称	加工工时	工价	工艺名称	加工工时	工价	工艺名称	加工工时	工价	工艺名称	加工工时	工价
B	***	1	709.83	865.00	划	35	26	车	480	60	划	40	26	镗	270	40	划	40	26
Y	***	1	374.73	664.00	车	410	38	打磨	60	15	平衡	80	38	划	24	26	钻	90	26
G	***	1	451.33	810.00	车	480	38	划	40	26	钻	150	38	钳	20	15	试压	120	15
Z	***	1	264.13	430.00	车	240	26	划	28	26	铣	75	26	磨	75	90	钳	12	15
L	***	1	59.50	139.00	车	95	26	划	4	26	铣	36	26	钳	4	15			
D	***	1	142.50	330.00	划	150	28	钻	150	26	钳	30	15						
YM	***	1	89.83	209.00	车	165	26	划	4	26	铣	36	26	钳	4	15			
KM	***	1	144.00	345.00	车	165	26	钻	150	26	钳	30	15						
LZ		1	75.00	150.00	组装	150	30												
合计			2 310.85	3 942.00															

生产成本——基本生产成本——直接人工——G 产品　451.33

生产成本——基本生产成本——直接人工——Z 产品　264.13

生产成本——基本生产成本——直接人工——L 产品　59.50

生产成本——基本生产成本——直接人工——D 产品　142.50

生产成本——基本生产成本——直接人工——YM 产品　89.83

生产成本——基本生产成本——直接人工——KM 产品　144.00

生产成本——基本生产成本——直接人工——LZ 产品　75.00

贷：应付职工薪酬——工资——机加车间　2 310.85

不能直接计入某种产品的生产工人工资费用分配方法有：计时工资法和计件工资法。计时工资一般是依据生产工人出勤记录和月标准工资计算，因而不能反映生产工人工资的用途，以产品生产耗用的生产工时为分配标准。因为其发生不能够直接归属某一产品，特别是车间的管理费用，需要分配摊入产品成本。除直接工人的计件工资外，多数情况下企业的工资都采用计时工资制。在计时工资制度下，工资的计算都是以月为单位计算和发放。因此也通常在月末时分配到产品成去，其计算公式如下：

直接人工成本分配率 = 本期发生的直接人工成本 ÷ 各产品耗用的实际工时（或定额工时）之和

某产品应负担的直接人工成本 = 该产品耗用的实际工时（或定额工时）数 × 直接人工成本分配率

【例 2.12】易达公司 2×20 年 2 月份机加车间发生的人工费用 50 000 元，完成 A、B 产品分别是 300 件和 400 件，A 产品耗时共 9 000 小时，B 产品耗时共 8 000 小时，按计时工资法进行计算。

直接材料人工成本分配率 =50 000 ÷（9 000+8 000）× 100% ≈ 2.94%

A 产品应负担的直接人工成本 = 9 000 × 2.94 ≈ 26 460（元）

B 产品应负担的直接人工成本 = 8 000 × 2.94 ≈ 23 540（元）

会计业务处理如下。

借：生产成本——基本生产成本——A 产品　26 460

生产成本——基本生产成本——B 产品　23 540

贷：应付职工薪酬——工资　50 000

本例中人工待分配费用 50 000 元，实际工时耗用 A 产品 9 000 小时和 B 产品 8 000 小时，总计为 17 000 小时，根据公式可得分配率为 2.94。再依据 A、B 产品实际各自的工时耗用 × 分配率，即可得到直接人工成本所负担的数额。

2.4 折旧费用的归集和分配

折旧费用是指固定资产按照税法和会计核算的相关规定，将购入的成本按规定的使用年限进行摊销。本节折旧费用是指车间所使用固定资产按规定计提的折旧费，包括厂房、生产线设备、车辆等。归集时不能够指定某种产品，因此将其放在“制造费用”科目下的“折旧费用”明细账进行核算，发生时借记“制造费用——折旧费用”，在月末时统一分摊到相关部门产品中，如果能够归属于某一产品的折旧费用，可直接计入产品的生产成本。借记“生产成本”相应的明细科目，贷记“制造费用——折旧费用”。

【例 2.13】易达公司 2 × 20 年 2 月固定资产折旧明细表如表 2-6 所示。属于基本生产车间车床、模具等折旧费用共计 7 659.25 元，辅助车间的钻床折旧 572.83 元，生产用电子设备折旧 901.25 元，销售部门运输工具折旧 5 051.32 元，管理部门资产折旧 2 063.77 元。

由表中数据根据固定资产所属部门及折旧情况本月计提折旧表分类处理，属于生产加工部门的计入“生产成本”、生产管理部门的计入“制造费用”，其他管理部门的计“管理费用”，属销售部门的计“销售费用”。会计业务处理如下。

借：生产成本——基本生产成本　　7 659.25
　　生产成本——辅助生产成本　　572.83
　　制造费用——折旧　　901.25
　　管理费用——折旧　　2 063.77
　　销售费用——折旧　　5 051.32
　贷：累计折旧（可根据需要设明细）　　16 248.42

表 2-6 易达公司 2×20 年固定资产折旧明细表

类别	资产名称	规格	使用寿命	已使用寿命	月折旧率(%)	期初原值（购入金额）	期初净值（扣除残值）	本期折旧额	本年折旧额	期末净值
办公家具	晶贝冷柜		60期	10期	0.015 83	2 400	2 058	38	114	2 020
办公家具	立升净水器	LH3-9CD	60期	5期	0.015 83	1 835.05	1 718.85	29.05	87.15	1 689.8
车床	单柱立式车	C516A，160	120期	73期	0.012 66	450 000	79 380	1185	3 555	78 195
车床	车床	CW6180B/15	120期	20期	0.008 38	111 965.8	95 135.98	886.51	2 659.53	94 249.47
车床	数控车床	CAK4085NI	120期	20期	0.008 38	71 111.11	60 422.17	563.04	1 689.12	59 859.13
车床	数显立车	CA5116E*14,	120期	20期	0.008 38	390 683.8	331 959.1	3 093.32	9 279.96	328 865.8
打印机、复印	打印机	XEROX	60期	33期	0.023 01	2 300	1 045.75	33.24	99.72	1 012.51
打印机、复印	大幅面打印机		60期	8期	0.015 83	43 589.75	38 758.56	690.17	2 070.51	38 068.39
电脑	笔记本电脑		60期	18期	0.017 19	7 850	5 738.01	124.32	372.96	5 613.69
电脑	电脑		60期	8期	0.015 83	2 649.57	2 355.92	41.95	125.85	2 313.97
电脑	电脑		60期	8期	0.015 83	1 965.81	1 747.9	31.13	93.39	1 716.77
电脑	电脑		60期	8期	0.015 83	2 649.57	2 355.92	41.95	125.85	2 313.97
空调	海尔空调	KFR-35GW	60期	21期	0.018 13	3 229	2 207.16	51.14	153.42	2 156.02
空调	格力空调	KFR-23GW/(	60期	16期	0.018 27	1 769.23	1 542.99	32.32	96.96	1 510.67
空压机、液压	螺杆空压机	OPT-10A	120期	25期	0.008 69	29 059.83	21 094.83	204.6	613.8	20 890.23
模具	叶轮	M6.5-35GSG	36期	13期	0.026 39	4 102.56	2 803.44	108.26	324.78	2 695.18
模具	泵盖	MA100-70(8	36期	13期	0.026 39	7 692.31	5 256.43	202.99	608.97	5 053.44
模具	叶轮（吸入	MA100-70(8	36期	13期	0.026 39	6 752.14	4 613.98	178.18	534.54	4 435.8
磨床	外圆磨床	M1332C/100	120期	75期	0.012 49	62 905.98	9 710.9	142.73	428.19	9 568.17
磨床	车床	CW6163B/30	120期	4期	0.007 92	113 675.2	110 975.4	899.93	2 699.79	110 075.5
其他管理设备	服务器	DELLPOWE	60期	18期	0.017 19	25 213.68	18 430.3	399.29	1 197.87	18 031.01
其他管理设备	晒图机	800PD	60期	42期	0.029 25	9 300	3 234.06	145.74	437.22	3 088.32
其他管理设备	摄像机	HDV-AX200	60期	14期	0.016 09	31 500	25 017.06	498.77	1 496.31	24 518.29
其他管理设备	咖啡机		60期	7期	0.015 83	2 902.99	2 627.23	45.96	137.88	2 581.27
生产用电子设	玻璃钢水槽		60期	55期	0.047 01	8 547.01	1 211.41	130.68	392.04	1 080.73
生产用电子设	焊机	ZX7-400S	60期	43期	0.030 13	5 982.91	1 984.97	93.65	280.95	1 891.32
生产用电子设	电磁流量计	DN600	60期	23期	0.018 81	42 735.04	27 859.9	676.92	2 030.76	27 182.98
食堂福利设备	食堂锅灶		60期	17期	0.01 69	3 500	2 613.64	55.43	166.29	2 558.21
运输工具	神行者越野	GX59405719	60期	51期	0.035 97	58 6153	79 820.87	5 051.32	15 153.96	74 769.55
钻床	摇臂钻床	E3040	120期	73期	0.012 66	60 000	10 584	158	474	10 426
钻床	摇臂钻	Z3050*16/1	120期	20期	0.008 38	52 393.16	44 517.83	414.83	1 244.49	44 103
合计					0	214 6414	998 782.6	16 248.42	48 745.26	982 534.2

表中属于生产用固定资产部分如车床、磨具、钻床、生产用电子设备等，在核算时可以分别明细进行登记。

2.5 辅助生产费用的归集和分配

辅助生产费用是指产品的生产加工过程中除主要的材料、人工、费用消耗的辅助性材料支出。如生产一部手机所用到的电路板、芯片就是主要材料，而手机完成后的配件包装膜就属于辅助性的生产费用。很多中小企业中生产加工活动需要的机床润滑、日常维护的零星开支也都属于这个范围。规模性企业中有辅助生产车间，辅助生产费用可以提供产品，也可以提供劳务。辅助生产车间提供的如果是产品，就如 2.2.3 辅助材料进行处理。辅助生产车间提供的如果是劳务，辅助生产车间之间又有相互提供劳务的情况，那么需要按照实际情况来选择相应的辅助生产费用的分配方法。车间领用和发生时计入“生产成本”科目中的辅助生产成本明细账中，然后按照一定的方法，月末再从“生产成本”科目贷方转入“库存商品”“产成品”科目中去。

【例 2.14】易达公司 2 月辅助生产成本明细账上归集的辅助生产费用总额分别为：供水车间 38 170 元，供电车间 72 240 元，各辅助生产车间供应的劳务数量如表 2–7 所示。

表 2–7　易达公司水电耗用情况表

编制部门：辅助车间管理部

制表日期：2 × 20–2–28

耗用部门	用水量（立方米）	单价（元 / 立方米）	金额	用电数量（度）	单价（元 / 度）	金额
生产车间（A 产品）	4 500	5.5	24 750	15 000	1.68	25 200
管理部门	2 000	5.5	11 000	13 000	1.68	21 840
销售部门	320	5.5	1 760	10 000	1.68	16 800
供水车间		5.5		5 000	1.68	8 400
供电车间	120	5.5	660		1.68	
合计	6 940		3 8170	43 000		72 240

表格中供水车间 2 月份供水总量 6 940 立方米，单价 5.5 元 / 立方米。供电车间供电总量 43 000 度，单价 1.68 元 / 度。会计业务分录如下。

借：生产成本——基本生产成本——A 产品　　49 950
　　管理费用　　32 840
　　销售费用　　18 560
　　生产成本——辅助生产成本——A 产品　　9 060
　贷：应付账款——供电公司　　72 400
　　　　　　　——自来水公司　　38 170

1. 直接分配法

直接分配法是指辅助生产车间相互提供的劳务不考虑，直接将辅助生产车间已归集的费用分配给辅助生产车间以外的各受益对象，如表 2–7、图 2–5 所示，供水车间耗用的水、供电车间耗用的电忽略不计。将已经归集的费用对本部门以外的部门进行分配，这种方法在计算上较简便，但结果不够准确。因为供水、供电车间在实际业务活动中也耗用了相应的水和电，而直接分配法不考虑自己本部门的费用承担情况，直接将辅助车间部门负责的费用总耗对其他部门进行分配。

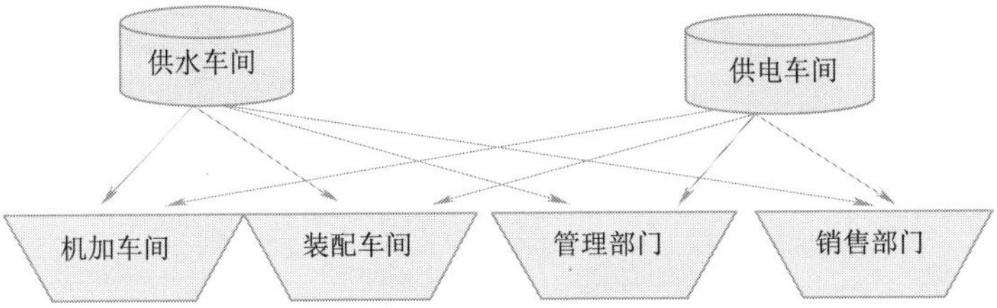

图 2–5　各部门的费用分配

如图 2–5 所示，供水车间的费用分配直接对机加车间、装配车间、管理部门、销售部门进行了分配，供电车间也同样只对辅助车间以外的其他部门进行分配，供水供电等辅助车间的消耗未进行分配。这种方法计算起来相对简单，但因为有未分配部门，所以其他部门实际的费用承担要多于正常分配费用，结果通常不够精确，对于辅助车间费用消耗量少的企业比较适合。

【例 2.15】易达公司 2 月份水电费用汇总表如表 2–8 所示，供水车间共记录耗用水量 6 940 立方米，易达公司的辅助生产费用采用直接分配法进行分配。

表 2–8　易达公司水电费用分配表

编制部门：辅助车间管理部

制表日期：2 × 20–2–28

耗用部门	用水量（T）	待分配金额（元）	分配率	分配金额（元）	用电量（度）	待分配金额（元）	分配率	分配金额（元）
生产车间	4 500		0.66	25 192.20	150 00		0.40	28 896
管理部门	2 000		0.29	11 069.30	13 000		0.34	24 561.60
销售部门	320	38 170	0.05	1 908.50	10 000	72 240	0.26	18 782.40
供水车间					5 000			
供电车间	120							
合计	6 940	38 170	1	38 170	43 000	72 240	1	72 240

2. 交互分配法

交互分配法能够弥补直接分配法的不足，相对直接法要多进行一次费用的分配，第一次是交互分配，先将费用在各辅助生产车间进行交互分配，然后将各辅助生产车间交互分配后的费用，再按提供的劳务量在辅助生产车间以外各受益单位之间进行分配，如图 2–6 所示。

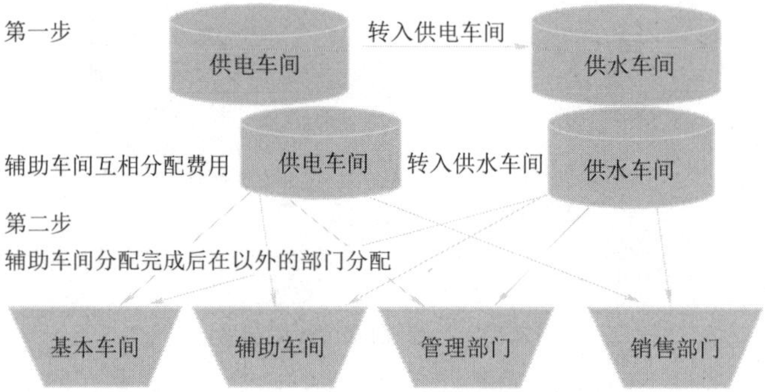

图 2–6　各辅助生产部门交互分配费用

这种分配方法计算出的分配费用比较贴近实际情况，相对准确。直接分配法不考虑本部门和其他辅助车间应分配的耗用情况，而交互分配法首先将费用在各辅助车间和部门之间进行分配，之后再对其他各车间和部门进行分配。排除各车间部门的耗用记录不准确因素，计算的分配结果是很准确的。

【例 2.16】易达公司辅助生产费用分配采用交互分配法，2×20 年 2 月份水电费用综合分配表，如表 2–9 所示。

表 2–9　易达公司水电费用综合分配表

编制部门：辅助车间管理部

制表日期：2×20–2–28

项目			辅助车间交互分配			对外分配		
辅助车间			供水车间	供电车间	合计	供水车间	供电车间	合计
待分配费用（元）			3 8170	72 240	110 410	35 200	65 520	100 720
劳务总量			6 940	43 000		6 400	38 000	
费用分配率			5.50	1.68		5.50	1.72	
辅助车间	供水车间	数量		4 000				
		金额（元）		6 720				
	供电车间	数量	540					
		金额（元）	2 970					
分配费用小计（元）			2 970	6 720				

续上表

项目			辅助车间交互分配			对外分配		
基本车间	机加 1 车间	数量				2 350	9 000	
		金额（元）				12 925	15 517.90	
	机加 2 车间	数量				1 950	6 500	
		金额（元）				10 725	11 207.37	
其他部门	管理部门	数量				1 800	12 500	
		金额（元）				9 900	21 552.63	
	销售部门	数量				300	10 000	
		金额（元）				1 650	17 242.10	
分配费用小计（元）			2 970	6 720	9 690	35 200	65 520	100 720

由上表之间数据可知：供水车间用电 4 000 度，分配金额 6 720 元。供电车间用水 540 吨，分配金额 2 970 元。辅助供水、供电车间各自使用本车间的费用忽略不计。待辅助车间互相分配完成后，再进行辅助车间以外的基本加工车间和其他部门使用与分配。

3. 顺序分配法

顺序分配法也称梯形分配法，该方法是按照辅助生产车间受益多少的顺序分配费用，受益少的排在前，先将费用分给排在后面的所有辅助生产车间和其他部门；受益多的排在后，加上前面辅助车间转入的费用，然后再分给排在后面的辅助生产车间和其他部门，如图 2-7 所示。

第一步，辅助车间先依次顺序分配。

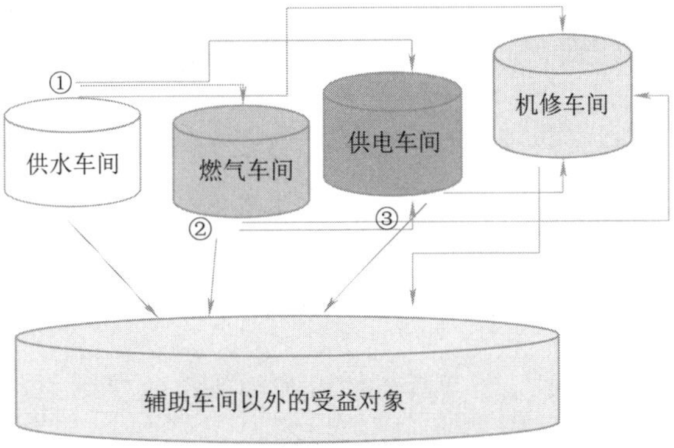

图 2-7　辅助车间以外的受益对象

第二步，辅助车间分配完，其他辅助车间转入费用后，再分别向辅助车间以外受益对象进行分配。

4. **辅助生产费用分配表**（顺序分配法，如表 2-10 所示）

表 2-10　辅助费用分配表

金额单位：元

分配部门	（一步）待分配费用			供水车间		供电车间		燃气车间	
	数量	单价	金额	数量	金额	数量	金额	数量	金额
供水车间	20 000	3	60 000			2 000	6 000	4 000	12 000
供电车间	50 000	1.5	75 000	4 000	6 000			6 000	9 000
燃气车间	80 000	1.2	96 000	4 000	4 800	6 000	7 200		
分配部门	（二步）待分配费用			基本生产车间		管理部门		其他部门（略）	
	数量	剩余金额	转入金额	数量	金额	数量	金额		
供水车间	14 000	42 000	10 800	8 000	30 000	6 000	22 800		
供电车间	40 000	60 000	13 200	30 000	52 200	14 000	21 000		
燃气车间	70 000	84 000	21 000	54 000	75 800	20 000	29 200		

分配的顺序是各辅助车间的费用先在各辅助车间进行依次分配，待所有辅助车间分配完毕后，将未分配的费用进行统一归纳，再对其他部门和车间进行分配。表 2-11 中第一步，供水车间待分配总量 20 000 吨，金额 60 000 元，先进行对供电车间、燃气车间的用量分配，分别是 2 000 吨和 4 000 吨。辅助车间分配完毕后还余 14 000 吨，进入第二步的基本生产车间、管理部门等进行再次分配。供电车间的费用分配和燃气车间的费用分配与供水车间相同，解析情况略。

2.6 制造费用的归集和分配

1. 制造费用概念

制造费用是指企业生产加工部门（如车间、工厂）为组织和管理生产发生的各项耗费。

2. 制造费用的归集

制造费用，顾名思义，即制造生产过程中产生的费用，不能直接归属于某一特定加工对象（产品）。如企业生产单位管理人员的工资薪酬、福利费、生产用固定资产的折旧费、机物料消耗、低值易耗品摊销、试验检验费、取暖费、办公费、劳保费、运输费、保险费等。制造费用分类如图 2-8 所示。

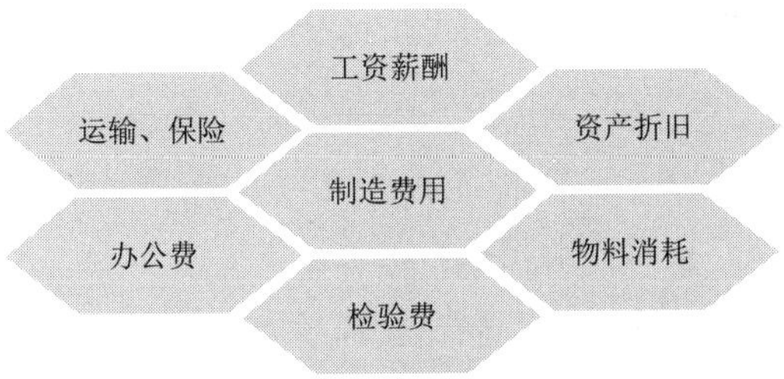

图 2-8　制造费用的分类

将这些项目的发生额统一找个“管家”，在月末按一定的比例分配到各产品中去，如上面提到的，各项费用发生时：借记“制造费用”，贷记有关科目。

【例 2.17】易达公司 2×20 年 2 月总账归集制造费用明细一览表情况如表 2-11 所示。

表 2-11　制造费用本期发生额明细表　　单位：元

01	电费	15 913.04	06	间接人工工资	347 638.11
0101	总装车间	15 913.04	0601	生产管理部	102 574.79
02	办公费	1 433.27	0602	机加工车间	131 346.74
0201	生产管理部	1 207.79	0603	总装车间	113 716.58
0202	总装车间	225.48	07	间接人工福利费	5 972.00
03	加工费	3 141.03	0701	生产管理部	5 972.00
0301	机加工车间	2 329.06	08	生产用固定资产折旧费	94 381.99
0302	总装车间	811.97	0801	生产管理部	6 951.58
04	物料消耗	272 246.39	0802	机加工车间	71 052.55
0401	焊条	10 098.71	0803	总装车间	16 377.86
040101	总装车间	10 098.71	09	住房公积金	26 840.30
0402	液化气费	1 380.53	0901	生产管理部	7 500.00
040201	综合管理部	1 380.53	0902	机加工车间	10 690.30
0403	其他	53 679.97	0903	总装车间	8 650.00
040301	机加工车间	18 668.01	10	社会保险费	86 002.52
040302	总装车间	35 011.96	1001	生产管理部	17 909.56
05	业务招待费	1 730	1002	机加工车间	37 279.43
0501	生产管理部	1 730	1003	总装车间	30 813.53
合计		855 298.65			

以上发生额情况在各种单据发生时的会计账务处理：

借：制造费用　　855 298.65

　贷：原材料

　　银行存款（银付的各种物料消耗品）

　　应付职工薪酬（工资、保险、住房、福利）

　　累计折旧（生产相关部门固定资产折旧）

　　低值易耗品（生产加工车间领用库存消耗品）

注：贷方明细科目金额略

3. 制造费用的分配及账务处理

（1）制造费用的分配。

通常采用生产工人工时比例法（或生产工时比例法）、生产工人工资比例法（或生产工资比例法）、机器工时比例法和按年度计划分配率分配法等。还是那句话：很多路可走，目的地都是罗马，要选择最适合自己的路走。各种方法的基本公式如下。

制造费用分配率 = 制造费用总额 ÷ 各产品分配标准之和

公式特点：公式分母的分配标准包括产品生产工时总数或生产工人定额工时总数、生产工人工资总和、机器工时总数、产品计划产量的定额工时总数。

某种产品应分配的制造费用 = 该种产品分配标准 × 制造费用分配率

其中，由于生产工时是分配间接费用的常用标准之一，因此，生产工人工时比例法较为常见。

生产工人工资比例分配法适用于各种产品生产机械化程度相差不多的企业，如果生产工人工资是按生产工时比例分配，该方法实际上等同于生产工人工时比例法。

机器工时比例法是按照各产品生产所用机器设备运转时间的比例，分配制造费用的方法，适用于产品生产的机械化程度较高的车间。

按年度计划分配率分配法，是按照年度开始前确定的全年度适用的计划分配率分配费用的方法，分配率的计算公式的分母按定额工时计算，年度内如果发生全年的制造费用实际数与计划数差别较大，应及时调整计划分配率，该方法特别适用于季节性生产企业。

（2）制造费用的账务处理。

制造费用的分配方法一经确定，不得任意变更。无论采用哪种分配方法，都应根据分配计算结果，编制制造费用分配表，根据制造费用分配表进行制造费用分配的总分类核算和明细核算。月终，制造费用分配给成本核算对象时，相关会计分录如下。

借：生产成本——基本生产成本

　　生产成本——辅助生产成本

　贷：制造费用

“制造费用”科目月末无余额。

【例 2.18】 易达公司基本生产车间（机加 1 车间），A 产品的生产工时为 39 200 小时，B 产品的生产工时为 33 000 小时，本月共发生制造费用 33 500 元。分配表如表 2–12 所示。

制造费用分配率 =33 500 ÷（39 200+33 000）× 100%=46.40%

A 产品制造费用 =39 200 × 46.40%=18 188.80（元）

B 产品制造费用 =33 500–18 188.8=15 312.20（元）

表 2–12　机加 1 车间制造费用分配表

制造费用	项目	数量（件）	生产工时（小时）	分配率	分配金额（元）
33 500	A 产品	10	3 920	0.464	18 188.80
	B 产品	10	3 300		15 311.20
	合计	20	7 220	0.464	33 500.00

会计分录如下：

借：生产成本——基本生产成本——A 产品　　18 188.80

　　生产成本——基本生产成本——B 产品　　15 311.20

　贷：制造费用　　33 500.00

2.7 停工和废品损失的核算与账务处理

废品损失是指在生产过程中和入库后发现不可修复的废品的生产成本。可修复废品的修复费用也属于废品损失，是扣除回收的废品残料价值和应收赔款以后的损失。

2.7.1 废品与废品损失的概念及账户设置

为了核算生产过程中发生的废品损失，可在“生产成本”账户下设置“废品损失”明细科目进行核算。不可修复废品的生产成本和可修复废品的修复费用登记在账户的借方，贷方登记应从废品成本中扣除的回收废料的价值。借贷双方相抵后的差额，为企业的全部废品净损失。其中对应由过失人负担的部分，则从账户的贷方转入“其他应收款”科目的借方，及时要求赔偿；其余废品净损失，应该全部归由本期完工的同种产品成本负担，列入“废品损失”项目，即从“生产成本——基本生产成本——废品损失”账户的贷方，转入“生产成本——基本生产成本——××产品”账户的借方，结转后的“废品损失”账户应无余额。

2.7.2 可修复与不可修复废品损失的核算

可修复废品损失是指可修复废品在返修过程中发生的修复费用，并扣除回收的残料价值和责任人赔偿后的净额。因此，对于可修复废品在返修前发生的各项生产费用，仍然保留在“生产成本——基本生产成本”账户中，不必转出。对于返修过程中发生的各种修复费用，应根据原材料、工资及福利费和制造费用等各种费用分配表，借记“废品损失”账户，贷记“原材料”“应付职工薪酬”“制造费用”等账户。如有回收残料价值和应收赔偿，应分别根据残料交库凭证及有关结算凭证，借记“原材料”“其他应收款”等账户，贷记“废品损失”账户。最后将废品净损失（修复费用减去残值和赔偿后的净额），借记“生产成本——基本生产成本”账户，贷记“废品损失”账户。

废品损失的核算方式有两种：不单独核算废品损失和单独核算废品损失。

1. 不可修复废品损失的归集和分配

（1）按实际成本计算不可修复废品成本。这种方法是在废品报废时将废品和合格品实际发生的全部生产费用按一定的分配方法，在合格品和废品之间进行分配，计算出废品的实际生产成本，并将其从“生产成本”账户的贷方转入“废品损失”账户的借方。

（2）按定额成本计算不可修复废品成本。这种方法是按不可修复废品的数量、事先确定的工时定额、各种费用定额计算不可修复废品的生产成本，而不考虑废品实际发生的费用。

【例 2.19】易达公司 2 月份机加车间生产 A、B、C 三种产品分别为 5 000 件、4 500 件、5 200 件，成本单价分别为 20 元、50 元、80 元。上述产品全部验收入库。检出 A 产品废品 10 件，B 产品废品 5 件（按实际成本计算废品成本）。计算如下。

本月废品的成本费用 $=10\times20+5\times50=450$（元）

①产品验收入库会计业务处理。

借：库存商品——A 产品　　100 000

　　　　　　——B 产品　　225 000

　　　　　　——C 产品　　416 000

　贷：生产成本　　741 000

②产生废品时凭废品登记单

借：生产成本——废品损失　　450

　贷：废品损失　　450

2. 不可修复不单独核算废品损失

不可修复的废品损失不在账上体现，构成废品的生产成本由同种或同类合格产品负担。

账务处理：在生产投入时，借记“生产成本”“制造费用”科目，贷记“原材料”等科目；月末分配制造费用，借记“生产成本”科目，贷记“制造费用”科目；收回残料或原料时，借记“原材料”科目，贷记“生产成本”科目；剩余的净损失由合格品负担，借记“库存商品”科目，贷记“生产成本”科目。

【例 2.20】易达公司 2 月机加 1 车间投产 A 产品 1 000 件，发生直接材料费 350 000 元，直接人工费 210 000 元，制造费用 40 000 元。在入库检验环节，发现 10 件不可修复废品，废品回收残料入库单标明价值为 20 000 元。当月全部完工，月初无在产品。

会计账务处理如下。

生产投入时：

借：生产成本——A 产品　　560 000

　贷：原材料　　350 000

　　　应付职工薪酬　　210 000

月末分配制造费用：

借：生产成本——A 产品　　40 000

　贷：制造费用　　40 000

收回残料或原料：

借：原材料　　20 000

　贷：生产成本——A——直接材料　　20 000

剩余的净损失由合格品负担：

借：库存商品　　580 000

　贷：生产成本　　580 000

3. 不可修复单独核算废品损失

增设“废品损失”科目，同时在生产成本明细账中增设“废品损失”成本项目与之对应。单独核算废品损失时根据“废品通知单”将废品负担的生产成本记入“废品损失”，同时贷“生产成本”科目，收回残料或原料，借记“原材料”科目，贷记“废品损失”科目，当月形成的废品净损失全部由当月完工的合格品负担。

【例 2.21】（同前例）易达公司 2 月机加 1 车间投产 A 产品 1 000 件，发生直接材料费 350 000 元，直接人工费 210 000 元，制造费用 40 000 元。在入库检验环节，发现 10 件不可修复废品，废品回收残料入库单标明价值为 20 000 元。当月全部完工，月初无在产品。

（1）生产投入时：

借：生产成本——A 产品　　560 000

　贷：原材料　　350 000

　　　应付职工薪酬　　210 000

（2）月末分配制造费用：

借：生产成本——A 产品　　40 000

　贷：制造费用　　40 000

（3）根据“废品入库单”将废品生产成本转入废品损失：

借：废品损失——A 产品　　20 000

　贷：生产成本——废品损失　　20 000

（4）收回残料或原料：

借：原材料　　　　20 000

　贷：废品损失——A 产品　　　　20 000

（5）当月的废品净损失全部应由当月完工的合格品负担：

借：库存商品——A 产品　　　　580 000

　贷：生产成本——A 产品　　　　580 000

2.7.3 关于停工损失的核算

停工损失是指企业的生产车间或车间内某个班组在停工期间内发生的各项费用，包括停工期间发生的生产工人的工资和福利费、耗用的材料费用以及应分配的制造费用，但由责任人或保险公司负担的赔偿，应从停工损失中扣除。为了简化核算，停工时间不满一个工作日的，一般不计算停工损失。

为了单独核算企业的停工损失，可以设置“停工损失”总账，并按车间分别产品品种设置账页，分别成本项目设置专栏进行停工损失的明细核算，也可以在“生产成本”总账下设置“停工损失”二级账户。“停工损失”账户借方登记因停工发生的各项费用，贷方登记责任单位、责任人和保险公司的赔偿以及结转的停工损失。

归集和分配的方法分不单独核算停工损失和单独核算停工损失。

1. 不单独核算停工损失

由于自然灾害等不可抗力造成的停工，其间发生的各项费用，计入“营业外支出”科目，由于其他原因造成的停工，其间发生的各项费用，计入“制造费用”等科目。

【例 2.22】易达公司 2×20 年 4 月末总装车间完工 F 产品 1 000 件，月初无在产品。正常生产 F 产品发生直接材料费 60 000 元，直接人工费 40 000 元。当月因自然灾害停工 5 天，直接损失 3 000 元，当月发生费用共计 50 000 元。停工期间支付给生产工人工资及福利共 8 000 元，责任人应赔款 5 000 元。

会计账务处理如下。

（1）发生材料、人工等各项耗费：

借：生产成本——F 产品　　　　150 000

　贷：原材料　　　　60 000

应付职工薪酬　　40 000

（2）停工期间支付生产工人工资：

借：生产成本——F 产品　　8 000

　贷：应付职工薪酬　　8 000

（3）月末结转制造费用：

借：生产成本——F 产品　　50 000

　贷：制造费用　　50 000

（4）结转停工损失责任人赔款：

借：其他应收款　　5 000

　营业外支出　　3 000

　贷：生产成本——F 产品　　8 000

（5）结转完工产品成本：

借：库存商品——F 产品　　150 000

　贷：生产成本——F 产品　　150 000

2. 单独核算停工损失——账务处理

单独核算停工损失时增设“停工损失”总账及所属明细账。生产成本明细账中增设“停工损失”成本项目。

发生停工损失时，借记“停工损失”，贷记“制造费用”等；应向过失单位或保险公司索赔的款项，借记“其他应收款”，贷记“停工损失”；属于不可抗力等原因引起的停工，借记“营业外支出”，贷记“停工损失”；属于生产原因、季节性生产等引起的停工，借记“生产成本——停工损失”，贷记“停工损失”。

【例 2.23】易达公司 2×20 年 4 月末总装车间完工 F 产品 1 000 件，月初无在产品。正常生产 F 产品发生直接材料费 60 000 元，直接人工费 40 000 元。当月因自然灾害停工 5 天，直接损失 3 000 元，当月发生制造费用共计 54 000 元，其中停工损失 900 元。停工期间支付给生产工人工资及福利共 8 000 元。责任人应赔款 5 000 元。

（1）生产发生各项耗费时：

借：生产成本——F 产品——直接材料　　60 000

　　　　　　　　　　——直接人工　　40 000

贷：原材料　60 000

　　应付职工薪酬　40 000

（2）停工期间支付生产工人工资：

借：停工损失——F 产品　8 000

　贷：应付职工薪酬　8 000

（3）月末结转制造费用：

借：生产成本——F 产品　45 000

　　停工损失——F 产品　9 000

　贷：制造费用　54 000

（4）结转停工损失：

借：营业外支出　3 000

　贷：停工损失——F 产品　3 000

（5）增分录结转停工损失：

借：生产成本　17 000

　贷：停工损失　17 000

（6）结转完工产品成本：

借：库存商品——F 产品　162 000

　贷：生产成本——F 产品——直接材料　60 000

　　　　　　　　　　　——直接人工　40 000

　　　　　　　　　　　——制造费用　45 000

　　　　　　　　　　　——停工损失　17 000

本 章 小 结

1. 材料费用的分配方法与流程是怎样的？

定额耗用量分配法	定额费用分配法	重量比例分配法	实际产量分配法

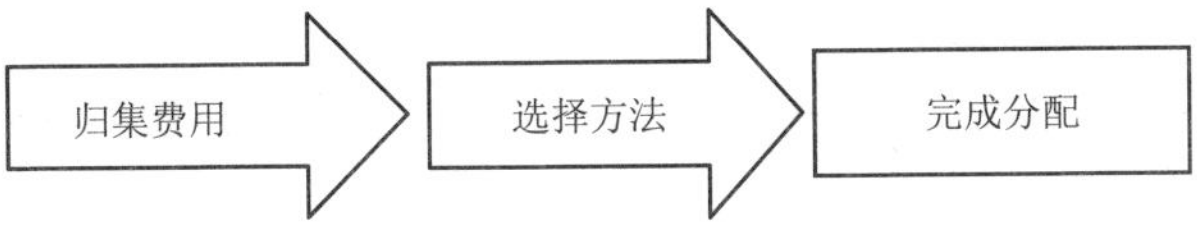

2. 人工费用的分配方法与流程有哪些？

直接人工费用直接计入相关的产品成本。间接人工费用方法同原材料。

3. 制造费用的分配方法与流程情况

制造费用的分配通用公式：待分配的制造费用 ÷ 各种应分配费用的产品之和。合计的标准为数量、重量、定额、工时等耗费指标。

第 3 章

产品成本核算的方法

3.1 在产品的概念、数量核算

在产品是工业制造生产过程中不能忽视的一块业务，随着科技发展和人们生产生活的需要，精密加工制造也越来越发达，生产线上加工环节的工序也随之复杂化。成本核算的在产品方面自然不可或缺。从简单的粗加工到精密的高端精加工，各个领域不同行业中都有在产品的存在。

3.1.1 在产品的概念

在产品是指没有完成全部生产过程、不能作为商品销售的产品，包括正在车间加工中的在产品和已经完成一个或几个生产步骤，但还需继续加工的半成品两部分。对外销售的自制半成品，属于商品产品，验收入库后不列入在产品范围。还以地三鲜为例，在完成了切、炸的过程就形成了可食用的半成品，但还没进行浇汁，就味道而言有所欠缺，还不能够装盘上桌。

3.1.2 在产品的数量确认与核算

在产品结存的数量，同其他材料物资结存的数量一样，应同时具备账面核算资料和实际盘点资料。企业一方面要做好在产品收发结存的日常核算工作，另一方面要做好在产品的清查工作。车间在产品收发结存的日常核算，通常是通过在产品收发结存账记录完成。实务工作中，应分别车间建立在产品台账，按照产品的品种和名称设立、反映车间各种在产品的转入、转出和结存的数量。

【例 3.1】大宇公司 3 月份在产品 HA 液流机期初数据 640 件，单价 10 元 / 件，金额 6 400 元。本月由机加 1 车间转入 1 152 件，金额 11 520 元，总装车间本月领出 400 件，金额 4 000 元。在产品出入库台账明细如表 3–1 所示。

表 3–1　在产品出入库台账

产品类型	名称	规格型号	单位
在产品	HA 液流机	IIA–1101A/B	台

日期	摘要	期初		转入		转出		期末	
		数量	金额（元）	数量	金额（元）	数量	金额（元）	数量	金额（元）
3 月 1 日	上月结转	640	6 400					640	6 400
3 月 5 日	机加 1 车间转入			1 152	11 520			1 152	11 520
3 月 22 日	总装车间领用					400	4 000	400	4 000
3 月 31 日	本月合计	640	6 400	1 152	11 520	400	4 000	1 392	13 920

本例中，在产品月末结存数量 = 月初在产品数量 + 本月转入在产品数量 – 本月领出在产品数量。

3.2　在产品清查及其盈亏核算

为了核实在产品的数量，企业必须认真做好在产品的清查工作，可以定期进行清查，也可以不定期轮流清查。有的车间没有建立在产品的日常收发核算，则每月月末清查盘点在产品数量，以便取得在产品的实际盘存资料。清查后，应根据盘点结果和账面资料编制在产品盘点表，填明在产品的账面数、实存数和盘存盈亏数，以及盈亏的原因和处理意见，及时进行账务处理。

（1）在产品发生盘盈时，盘盈在产品的成本，借记“生产成本”科目，并计入相应的生产成本明细账各成本项目，贷记“待处理财产损溢”科目；按管理权限经批准进行处理时，借记“待处理财产损溢”科目，贷记“管理费用”科目。

（2）在产品发生盘亏和毁损时，借记“待处理财产损溢”科目，贷记“生产成本”科目，并从相应的生产成本明细账各成本项目中转出，冲减在产品成本；毁损在产品的残值，借记“原材料”科目，贷记“待处理财产损溢”科目；按管理权限报经批准进行处理时，应借记“待处理财产损溢”科目，贷记“管理费用”“其他应收款”等有关科目。

【例 3.2】易达公司 2×20 年 2 月末在产品盘点报告单，如表 3–2 所示。整机部分实盘数与账载数量差异为盘亏 1 台 P52003A 产品，备件产品 140220B0 盘盈

2 件，备件产品 140113B0 盘亏 2 件。

表 3–2 在产品盘点报告单

仓库	名称	规格型号	单位	账载数量	单价	金额（元）	实盘数量	盘点差异	差异金额(元）
在产品	整机	P–1101A/B	台	40	10	400	40	0	0
在产品	整机	B053_PP	台	10	20	200	10	0	0
在产品	整机	B053_PP1	台	10	30	300	10	0	0
在产品	整机	_P52003A	台	20	40	800	19	1	40
在产品	备件	140220B0	套	50	12	600	52	–2	–24
在产品	备件	140114B0	套	60	14	840	60	0	0
在产品	备件	140225B0	套	40	16	640	40	0	0
在产品	备件	140227B0	套	30	18	540	30	0	0
在产品	备件	140113B0	套	50	20	1 000	48	2	40

报告单注明：备件差异由于入库错误导致，已经进行了调整。整机盘亏一台，原因未查明。根据相关的财务制度规定，对于未查明原因的盘盈盘亏处理，先转入待处理财产损溢。

会计业务处理。

借：生产成本——在产品　　　　　　　　　　　　　　　40

　贷：待处理财产损溢——在产品　　　　　　　　　　　　40

3.3 在产品与完工产品的关系与核算

在产品是完工产品的前身，本期发生的生产费用和期初、期末在产品成本及本期完工产品成本等四项费用的关系如下所示。

期初在产品成本 + 本期发生的生产费用 = 本期完工产品成本 + 期末在产品成本

本期完工产品成本 = 期初在产品成本 + 本期发生的生产费用 – 期末在产品成本

【例 3.3】易达公司 2 × 20 年 2 月份在产品台账，如表 3–3 所示。

表 3–3　在产品台账

仓库	名称	规格型号	单位	期初数量	金额（元）	本月发生额（元）	产成品	期末数量	金额（元）
在产品	整机	P-1101A/	台	64	640	1 152	1 392	40	400
在产品	整机	B053_PP1	台	16	320	288	408	10	200
在产品	整机	B053_PP1	台	16	480	288	468	10	300
在产品	整机	_P52003A	台	32	1 280	576	1 056	20	800
在产品	备件	140220B0	套	80	960	1 440	1 800	50	600
在产品	备件	140114B0	套	96	1 344	1 728	2 232	60	840
在产品	备件	140225B0	套	64	1 024	1 152	1 536	40	640
在产品	备件	140227B0	套	48	864	864	1 188	30	540
在产品	备件	140113B0	套	80	1 600	1 440	2 040	50	1 000
合计					8 512	8 928	12 120		5 320

本例中，在产品期初金额 + 本期发生的在产品金额 – 本期形成产成品转走金额 = 期末在产品金额。

根据在产品与产成品计算公式可得：

期末在产品成本 =8 512+8 928–12 120=5 320（元）

本期完工产品成本 =8 512+8 928–5 320=12 120（元）

3.4 产品成本在完工产品和在产品之间的分配

通过上章对生产成本各费用项目的归集和分配的学习，基本生产车间在生产过程中发生的各项成本，已经集中反映在“生产成本——基本生产成本”科目及其明细账的借方，这些成本都是本月发生的生产成本，并不是本月完工产品的成本。要计算出本月完工产品的成本，还要将本月发生的生产成本，加上月初在产品成本，然后再将其在本月完工产品和月末在产品之间进行分配，以求得本月完工产品成本，如图 3–1 所示。

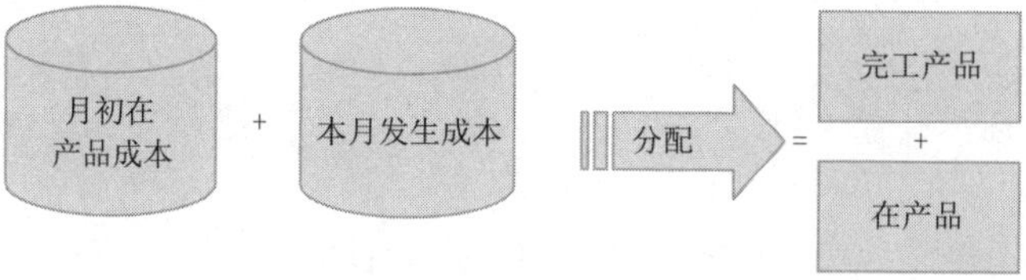

图 3–1　产品成本的分配

在完工产品和月末在产品之间分配成本的方法有两种：一是将前两项之和按一定比例在后两项之间进行分配，从而求得完工产品和月末在产品的成本；二是先确定月末在产品成本，再计算求得完工产品的成本。但无论采用哪一类方法，都必须取得在产品数量的核算资料，所以在产品的确定很关键，通常都是于月末进行盘点。有企业每月生产加工情况变化不大，可以采用在产品按固定额计算。下面来介绍一下在产品的核算方法。

1．不计在产品成本法及其适用范围

不计在产品成本法，简称“不计成本法”，是一种不计算月末在产品成本的方法，当月发生的生产费用，全部由当月完工产品负担。这种核算方法，对于在产品数量少，且各月变动不大的企业，在产品成本的计算与否，对完工产品成本影响不大，为了简化核算可以不计算在产品成本，但账面上有期末在产品成本。

本期完工产品成本 = 本期生产费用

2．在产品成本按固定成本计价法及其适用范围

在产品成本按固定成本计价法，简称“固定成本法”，是一种月末在产品固定按年初成本计价的方法。如果各月末在产品数量较少，或者各月在产品数量较多，但各月末在产品数量变化不大，这种情况下，月初、月末在产品成本的差额对完工产品成本影响不大。采用此种核算方法的应用如下。

（1）在 1 ～ 11 月份按以下公式计算流程，如图 3-2 所示。

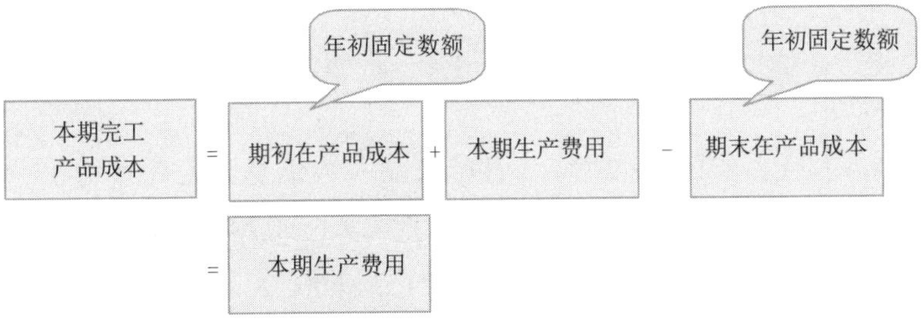

图 3-2　在产品的固定成本计价法计算方法

本期完工产品成本 = 期初在产品成本（年初固定数额）+ 本期生产费用 - 期末在产品成本（年初固定数额）= 本期生产费用

（2）在 12 月份按公式计算，如图 3-3 所示。

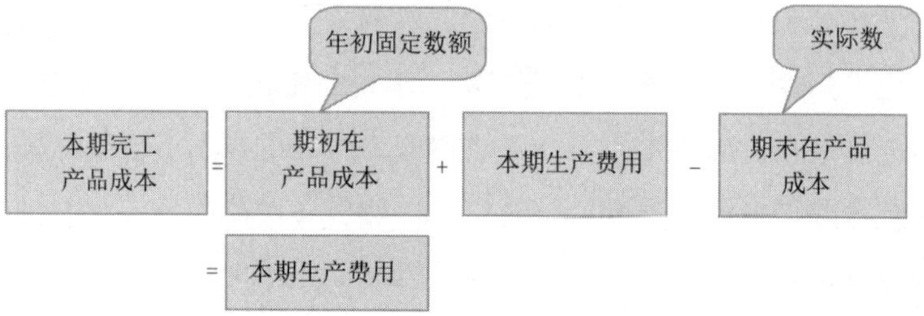

图 3–3　月末固定成本的计算方法

本期完工产品成本 = 期初在产品成本（年初固定数额）+ 本期生产费用 – 期末在产品成本（实际数）= 本期生产费用

3. 在产品按定额成本计价法及其适用范围

在产品按定额成本计价法，简称“定额计价法”，是一种根据月末在产品数量和单位定额成本计算月末在产品成本，倒挤确定本月完工产品成本的方法。这种方法确定完工产品成本的计算公式如下：

本期完工产品成本 = 期初在产品定额成本 + 本期生产费用 – 期末在产品定额成本

在产品定额成本 = 在产品数量 × 单位定额成本

月末在产品成本 = 月末在产品数量 × 在产品单位定额成本

完工产品总成本 = 月初在产品成本 + 本月发生生产成本 – 月末在产品成木

完工产品单位成本 = 完工产品总成本 ÷ 产成品产量

【**例 3.4**】易达公司 2×20 年 2 月产成品入库汇总如表 3–4 所示。本月月初在产品直接材料成本共计 900 000 元，直接人工成本 650 000 元，制造费用 400 000 元。月末在产品 A 产品 500 件，B 产品 600 件，料工费总消耗定额分别为 500 元、600 元。

表 3-4　产成品入库汇总　　金额单位：元

项目 / 产品	单位定额	月末 A 产品		月末 B 产品		完工产品成本	
		产量	定额成本	产量	定额成本	A 产品	B 产品
直接材料	300	500	150 000	600	180 000	270 000	300 000
直接人工	200		100 000		120 000	230 000	200 000
制造费用	100		50 000		60 000	140 000	150 000
合计		500	300 000	600	360 000	640 000	650 000

按定额成本计算在产品成本及完工产品成本。

在产品 A 定额成本 =600 × 500=36 000（元）

在产品 B 定额成本 =600 × 600=360 000（元）

本期完工产品成本 A=900 000+650 000+400 000=1 950 000（元）

=1 950 000−300 000−360 000=1 290 000（元）

根据在产品完工产品总成本编制完工产品入库的会计分录如下。

借：库存商品——A 产品　　640 000

——B 产品　　650 000

贷：生产成本——基本生产成本　　1 290 000

4. 在产品按定额比例计价法及其适用范围

在产品按定额比例计价法，简称“定额比例法”，是一种按完工产品与在产品的定额耗用量（定额成本）的比例分配料、工、费等生产费用的方法。可以按各产品的成本项目定额成本的比例分配，也可按定额工时比例分配。这种方法适用于各项消耗定额或成本定额比较准确、稳定，但各月末在产品数量变动较大的产品。

这种分配方法确定完工产品成本的计算公式如下：

（1）完工产品某项目成本 = 该项目费用分配率 × 完工产品该项目定额耗用量或成本

（2）完工产品各项目成本相加求和，即完工产品成本。

（3）费用分配率 =（月初在产品费用 + 本月生产费用）÷（完工产品定额耗用量或成本 + 月末在产品定额耗用量或成本）

这种方法的具体费用项目计算公式如下（以按定额成本比例为例）。

直接材料成本分配率 =(月初在产品实际材料成本 + 本月份投入的实际材料成本) ÷ (完工产品定额材料成本 + 月末在产品定额材料成本)

月末在产品应负担的直接材料成本 = 月末在产品定额材料成本 × 直接材料成本分配率

完工产品应负担的直接费用材料成本 = 完工产品定额材料成本 × 直接材料成本分配率

直接人工成本分配率 =(月初在产品实际人工成本 + 本月投入的实际人工成本) ÷ (完工产品定额工时 + 月末在产品定额工时)

月末在产品应负担的直接人工成本 = 月末在产品定额人工成本 × 直接人工成本分配率

完工产品应负担的直接人工成本 = 完工产品定额人工成本 × 直接人工成本分配率

【例 3.5】接上例，本月月初在产品和本月耗用直接材料成本共计 900 000 元，直接人工成本 650 000 元，制造费用 400 000 元。易达公司 2 月 E 产品本月完工产品产量 100 件，在产品数量 20 件；单位产品定额消耗为：材料 500 kg/ 件，200 小时 / 件 , 制造费用 120 小时 / 件。单位在产品材料定额 300 kg，工时定额材料 100 小时，制造费用 150 小时 / 件。要求按定额比例法计算在产品成本及完工产品成本，如表 3–5 所示。

表 3–5　在产品与完工产品分配表　　金额单位：元

项 目 / 产品	完工产品			月末在产品		
	单位定额	产量	成本定额	数量	单位定额	成本定额
直接材料（kg）	500	100	50 000	20	300	6 000
直接人工（小时）	200		20 000		100	2 000
制造费用（小时）	120		12 000		150	3 000
合　计	820	100	82 000	20	550	11 000

（1）按完工产品定额与在产品定额各占总定额的比例分配成本。

完工产品直接材料定额消耗 =100 × 500=50 000（kg）

完工产品直接人工定额消耗 =100 × 200=20 000（小时）

完工产品制造费用定额消耗 =100 × 120=12 000（小时）

在产品直接材料定额消耗 =20×300=6 000（kg）

在产品直接人工定额消耗 =20×100=2 000（小时）

在产品制造费用定额消耗 =20×150=3 000（小时）

（2）定额比例。

在产品直接材料定额消耗比例 =6 000÷（50 000+6 000）×100%≈10.71%

在产品直接人工定额消耗比例 =2 000÷（20 000+2 000）×100%≈9.09%

在产品制造费用定额消耗比例 =3 000÷（12 000+3 000）×100%=20%

完工产品直接材料定额消耗比例 =50 000÷（50 000+6 000）×100%≈89.29%

完工产品直接人工定额消耗比例 =20 000÷（20 000+2 000）×100%≈90.91%

完工产品制造费用定额消耗比例 =12 000÷（12 000+3 000）×100%=80%

（3）分配成本。

完工产品应负担的直接材料成本 =900 000×89.29%=803 610（元）

在产品应负担的直接材料成本 =900 000×10.71%=96 390（元）

完工产品应负担的直接人工成本 =650 000×90.91%=590 915（元）

在产品应负担的直接人工成本 =650 000×9.09%=59 085（元）

完工产品应负担的制造费用 =400 000×80%=320 000（元）

在产品应负担的制造费用 =400 000×20%=80 000（元）

通过以上按定额比例法分配计算的结果，可以将料、工、费平行汇总，得出 E 产品完工产品成本和在产品成本。

E 产品本月完工产品成本 =803 610+590 915+320 000=1 714 525（元）

E 产品本月在产品成本 =96 390+59 085+80 000=235 475（元）

根据 E 产品完工产品总成本编制完工产品入库的会计分录如下。

借：库存商品——E 产品　　　　　　　　1 714 525

　贷：生产成本——基本生产成本　　　　　　　1 714 525

5. 按约当产量计算在产品成本法及其适用范围

按约当产量计算在产品成本法，简称“约当产量法”，是一种将月末在产品数量按其完工程度或投料程度折合成相当于完工产品的数量，然后将本期的生产费用按照月末完工产品数量和在产品约当产量比例进行分配，从而计算出完工产品成本和月末在产品成本的方法。例如，在产品 10 件，平均完工 40%，则约当于完工产品 4 件。这种方法适用范围较广，当月末在产品数量较大，而且变化也大，不宜采用其他分配方法时，采用此种方法较为合适。这种方法的计算公式如下：

在产品约当产量 = 在产品数量 × 完工程度（或投料比例）

约当总产量 = 在产品约当产量 + 完工产品数量

费用分配率 = 费用总额 ÷ 约当总产量

完工产品成本 = 完工产品数量 × 费用分配率

【例 3.6】某服装生产公司的 A 产品本月完工 195 件，在产品 20 件，平均完工程度为 25%，发生生产成本合计为 200 000 元。分配结果如下。

单位成本 =200 000 ÷（195+20 × 25%）=1 000（元 / 件）

完工产品成本 =195 × 1 000=195 000（元）

在产品成本 =5 × 1 000=5 000（元）

（1）材料费用包括如下。

❶ 生产开始时一次投入全部所需材料。

当直接材料在生产开始时一次性全部投入，则投料比例为 100%，月末在产品应负担的材料费用与完工产品所耗材料费用相同，因此，不论在产品完工程度如何，都可按在产品实际结存数量和完工产品产量的比例进行分配。

❷ 每道工序开始时一次投入该工序所需的全部材料。

如果生产过程中，原材料不是在生产开始时一次性投入，而是分工序一次性投入，则每道工序的月末在产品应负担的材料费用为截至该工序的累计投料额，月末在产品可按投料比例折合为完工产品。

确定月末在产品约当产量的公式为：

某工序期末在产品约当产量 = 该工序在产品数量 × 截至该工序投料比例

某工序期末在产品投料比例 = 截至该工序累计投料定额 ÷ 完工产品投料定额 ×100%

❸ 在生产过程中陆续投入且投入量与加工进度一致。

当直接材料随生产过程陆续投入且投入量与加工进度一致时，在产品投料程度的计算与完工程度的计算相同。此时，分配直接材料费用的在产品约当产量按完工程度折算。

在生产过程中陆续投入且投入量与加工进度不一致。

当直接材料随生产过程陆续投入且投入量与加工进度不一致时，各工序在产品投料程度由前面各工序累计材料消耗比例加本道工序消耗比例的 50% 构成，并据以计算各工序月末在产品的约当产量。

每道工序的材料消耗比例按下列公式计算：

某工序期末在产品投料比例 =（前面工序累计投料定额 + 本工序投料定额 × 50%）÷ 完工产品投料定额 ×100%

（2）其他费用包括如下。

在确定完工程度时一般区分两种情况。

❶ 如果企业生产进度比较均衡，月末在产品在各工序加工数量都相差不多，为简化核算，月末在产品的完工程度通常按 50% 计算。

期末在产品约当产量的计算公式如下：

期末在产品约当产量 = 期末在产品数量 × 完工程度（通常为 50%）

❷ 如果期末在产品各工序加工程度不均衡，则必须根据各工序在产品的累计工时定额占完工产品工时定额数的比率，分别计算各工序在产品的完工程度。

期末在产品约当产量的计算公式如下：

期末某工序在产品约当产量 = 期末该工序在产品数量 × 期末该工序在产品完工程度

期末某工序在产品完工程度 =（前面各道工序累计工时定额 + 本道工序工时定额 ×50%）÷ 完工产品工时定额 ×100%

【例 3.7】某铸造公司加工设备零部件，产品单位工时定额 100 小时，经两道工序制成。第一道工序 60 小时，在产品完工程度 60%，第二道工序 40 小时，在产品完工程度为 50%。在产品完工程度计算结果如下：

第一道工序 =（60 × 60%）÷ 100 × 100%=36%

第二道工序 =（60+40 × 50%）÷ 100 × 100%=80%

通过各工序在产品完工程度和各工序在产品盘存数量，可求得在产品的约当产量。各工序产品的完工程度可事先制定，产品工时定额不变时可长期使用。如果各工序在产品数量和单位工时定额都相差不多，在产品的完工程度也可按 50% 计算。

应当指出，在很多加工生产中，材料是在生产开始时一次投入的。这时，在产品无论完工程度如何，都应和完工产品负担同样材料成本。如果材料是随着生产过程陆续投入，则应按照各工序投入的材料成本在全部材料成本中所占的比例计算在产品的约当产量。

【例 3.8】某公司 M 产品本月完工产量 1 000 个，在产品数量 200 个，完工程度按平均 50% 计算；材料在开始生产时一次投入，其他成本按约当产量比例分配。M 产品本月月初在产品和本月耗用直接材料成本共计 120 000 元，直接人工成本 88 000 元，制造费用 66 000 元。

M 产品各项成本的分配计算如下。

（因为材料在开始生产时一次投入，因此应按完工产品和在产品的实际数量比例进行分配，不必计算约当产量）

（1）直接材料成本的分配。

完工产品应负担的直接材料成本 =120 000 ÷（1 000+200）× 1 000= 100 000（元）

在产品应负担的直接材料成本 =120 000 ÷（1 000+200）× 200=20 000（元）

（2）直接人工成本的分配：直接人工成本应按约当产量进行分配，在产品 200 个折合约当产量（200 × 50%）为 100 个。

完工产品应负担的直接人工成本 =88 000 ÷（1 000+100）× 1 000=80 000（元）

在产品应负担的直接人工成本 =88 000 ÷（1 000+100）× 100=8 000（元）

（3）制造费用的分配：制造费用应按约当产量进行分配，在产品 200 个折合约当产量（200 × 50%）为 100 个。

完工产品应负担的制造费用 =66 000 ÷（1 000+100）× 1 000=60 000（元）

在产品应负担的制造费用 =66 000 ÷（1 000+100）× 100=6 000（元）

通过以上按约当产量法分配计算的结果，可以汇总 M 产品完工产品成本和在产品成本。

M 产品本月完工产品成本 =100 000+80 000+60 000=240 000（元）

M 产品本月在产品成本 =20 000+8 000+6 000=34 000（元）

根据 M 产品完工产品总成本编制完工产品入库的会计业务分录如下。

借：库存商品——M 产品　　　　240 000

　贷：生产成本——基本生产成本　　　　240 000

6. 在产品成本按其所耗用的原材料费用计算

在产品成本按所耗用的原材料费用计算，是月末在产品成本只计算所耗用的原材料费用，而将其他费用全部由当期完工产品负担的方法。这种方法适用于原材料费用在产品成本中所占比重较大，期末在产品数量较多，各期在产品数量变化较大的产品。

【例 3.9】易达公司 2 月份 1 车间生产 A 产品 100 件，其中未完工在产品 50 件（则完工产品也 50 件），共发生材料费用 70 000 元，人工费用 20 000 元，制造费用 10 000 元。A 在产品成本的计算过程如下。

直接材料费用分配率 =70 000 ÷ 100=700

在产品分配直接材料费 =50 × 700=35 000（元）

完工产品分配直接材料费 =50 × 700=35 000（元）

完工产品成本 =35 000+20 000+10 000=65 000（元）

7. 按完工产品计算在产品成本法

按完工产品计算在产品成本法，简称“完工产品法”，指月末在产品视同完工产品分配生产费用的方法。这种方法适用于月末在产品已基本完工，只是尚未包装入库的产品。就如同前面提到的地三鲜菜品，已经做到了装盘前的状态，所有的成本项目已经加工结束，虽然没装盘但也视同为成品，事实上这道菜已经可以吃了。

【例 3.10】易达公司 2 月份 2 车间生产 B 产品 950 件，另有未完工在产品 50 件（最后包装工序未完成），共发生材料费用 70 000 元，人工费用 20 000 元，制造费用 10 000 元。

（1）直接材料费用分配率 =70 000 ÷（950+50）=70

在产品分配直接材料 =50 × 70=3 500（元）

完工产品分配直接材料 =950 × 70=66 500（元）

（2）人工费用分配率 =20 000 ÷ （950+50）=20

在产品分配直接材料 =50 × 20=1 000（元）

完工产品分配直接材料 =950 × 20=19 000（元）

（3）制造费用分配率 =10 000 ÷ （950+50）=10

在产品分配直接材料 =50 × 10=500（元）

完工产品分配直接材料 =950 × 10=9 500（元）

完工产品成本 =66 500+19 000+9 500=95 000（元）

在产品成本 =3 500+1 000+500=5 000（元）

会计业务处理。

借：生产成本——B 产品　　　　100 000

贷：原材料　70 000

　　应付职工薪酬　20 000

　　制造费用　10 000

此例中未完工产品 50 件按照完工的情况进行分配各项费用，与完工产品同等分摊材料费用、人工费用以及制造费用。

3.5 产成品的成本结转

为了反映完工产品的增减变动情况，需要设置“库存商品”“自制半成品”等账户进行反映。在实务中，“库存商品”“自制半成品”的借方登记验收入库的外购商品或完工入库的产品实际成本；贷方登记销售和其他原因等出库的商品的实际成本结转金额。期末余额在借方，表示企业在库商品的实际成本。企业应当按照商品的品名、规格，分户设置“库存商品数量金额明细账”，对库存商品进行明细分类核算。会计分录如下。

借：库存商品

　　自制半成品等

贷：生产成本等

【例 3.11】易达公司 3 月 23 日财务收到总装车间转来完工入库产成品明细如表 3-6 所示。

表 3-6　产品入库单

交货单位：总装车间　　　编　号：CIN000255

源单类型：销售订单　　　日　期：2×20-03-10　　　金额单位：元

物料名称	规格型号	单位	实收数量	单 价	金 额	收货仓库
整机	HSP40-40_A950_P-1101A/B	台	4	238 915.5825	955 662.33	产成品仓库
整机	HZ450_B053_PP102C	台	1	131 516.82	131 516.82	产成品仓库
整机	HZ450_B053_PP102D	台	1	131 917.74	131 917.74	产成品仓库
整机	M120-80*5GSH_B012_P52003A/B	台	2	193 064.29	386 128.58	产成品仓库
备件	140220B039	套	1	1 277.11	1 277.11	产成品仓库
备件	140114B011	套	1	16 438.35	16 438.35	产成品仓库
审核：	李芳芳　记账：吴丽			验收：刘春生	保管：	刘春生

会计账务处理：

借：库存商品——整机	1 605 225.47
——备件	17 715.46
贷：生产成本	1 622 940.93

此例中整机和备件部分进行了汇总入账。在一般的企业软件操作中是明细入账生成凭证的。另外有的企业是多个车间月末时多种产品入库，财务部门根据产品汇总入库单进行账务处理。

3.6 产品成本计算的方法

生产成本归集分配完毕后，应按成本核算对象编制成本计算单，并选择一定的成本计算方法，计算各种产品的总成本和单位成本。企业在进行成本计算时，应根据其生产经营特点、生产经营组织类型和成本管理要求，确定成本计算方法。选择适合的计算方法以使产品成本准确、及时、全面完整地反映产品信息，为企业综合运营服务。成本计算的基本方法有品种法、分批法和分步法等，下面对这几种产品成本的计算方法做详细介绍。

3.6.1 品种法计算程序及适用范围

品种法，指以产品品种作为成本核算对象，归集和分配生产成本，计算产品成本的一种方法。这种方法通常适用于单步骤、大量生产的企业，如发电、供水、采掘等类型的企业。这种类型企业的生产特点是产品的生产技术过程不能从技术上划分步骤，产品生成的过程从原材料到产品基本都是一个步骤就完成了。有的情况是一条流水线就实现，不需要再进行多步骤的复杂过程和环节。比如，企业或车间的规模较小，或者车间是封闭式的，也就是从材料投入到产品产出的全部生产过程都是在一个车间内进行的，或者生产按流水线组织，管理上不需要按照生产步骤计算产品成本，都可以按照品种计算产品成本。

品种法的成本计算程序如图 3-4 所示。

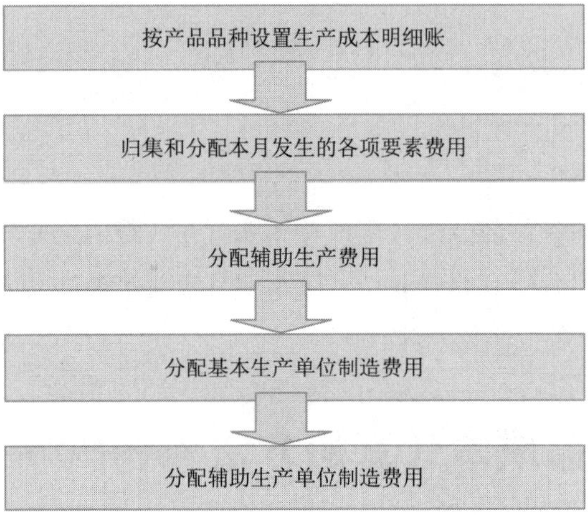

图 3-4　品种法的成本计算程序

品种法计算成本的主要特点。

（1）成本核算对象是产品品种。如果企业只生产一种产品，全部生产成本都是直接成本，可直接计入该产品生产成本明细账中，在各种成本核算对象之间分配成本就不存在了。如果生产多种产品，间接生产成本如制造费用项目则要采用适当的方法，在各成本核算对象之间进行分配。

（2）品种法下一般定期（每月月末）计算产品成本，也可以根据企业的实际需要对其他时间段计算产品成本。

（3）如果企业月末有在产品，要将生产成本在完工产品和在产品之间进行分配。这也是规模化、精细化管理中对成本核算的要求。

根据产品成本计算单，完工产品入库列示金额借记“库存商品”科目，贷记“生产成本”科目。这两个资产类科目都根据企业实际情况的需要增设二级明细账和三级明细账进行管理。

【例 3.12】易达公司 2×20 年 2 月份产品汇总成本计算情况如表 3-7 所示。

表 3-7　产品成本汇总计算单

2×20 年 2 月
单位：元

产品名称	数量	月初在产品成本	成本项目			本月生产成本小计	生产成本合计	产成品成本		月末在产品成本
			直接材料	直接人工	制造费用			总成本	单位成本	

续上表

产品名称	数量	月初在产品成本	成本项目			本月生产成本小计	生产成本合计	产成品成本		月末在产品成本
			直接材料	直接人工	制造费用			总成本	单位成本	
A 产品	10	32 000	27 500	17 500	500	45 500	77 500	58 300	5 830	19 200
B 产品	25	45 000	68 750	43 750	1 250	113 750	158 750	131 750	5 270	27 000
C 产品	15	30 000	41 250	26 250	750	68 250	98 250	80 250	5 350	18 000
D 产品	8	12 000	22 000	14 000	400	36 400	48 400	41 200	5 150	7 200
合计	58	119 000	159 500	101 500	2 900	263 900	382 900	311 500	21 600	71 400

依表列示数据信息，相应会计账务处理如下。

借：库存商品——A 产品　　58 300
　　　　　——B 产品　　131 750
　　　　　——C 产品　　80 250
　　　　　——D 产品　　41 200
　贷：生产成本——基本生产成本——A 产品　　58 300
　　　　　　　基本生产成本——B 产品　　131 750
　　　　　　　基本生产成本——C 产品　　80 250
　　　　　　　基本生产成本——D 产品　　41 200

3.6.2 分批法计算程序及适用范围

分批法，是按照产品批别归集生产费用、计算产品成本的一种方法。在小批单件生产的企业中，企业的生产活动基本上是根据订货单位的订单来组织生产的，按产品批别计算产品成本，往往与按订单计算产品成本相一致，因而分批法也叫订单法。

适用范围：它适用于单件、小批生产类型的企业，主要包括：(1）单件、小批生产的重型机械、船舶、精密工具、仪器等制造企业。(2）不断更新产品种类的时装等制造企业。(3）新产品的试制、机器设备的修理作业以及辅助生产的工具、器具、模具的制造等。

分批法的特点如下。

1. 以产品的生产周期作为成本计算期

采用分批法计算产品成本的企业，虽然各批产品的成本计算单仍按月归集生产费用，但是只有在该批产品全部完工时才能计算其实际成本。由于各批产品的生产复杂程度不同，质量数量要求也不同，生产周期就各不相同。有的批次当月投产，当月完工；有的批次要经过数月甚至数年才能完工。可见完工产品的成本计算因各批次的生产周期而异，是不定期的。所以，分批法的成本计算期与产品的生产周期一致，与会计报告期不一致。

2. 生产费用一般不需要在完工产品和在产品之间分配

在单件或小批生产，购货单位要求一次交货的情况下，每批产品要求同时完工。这样该批产品完工前的成本明细账上所归集的生产费用，即为在产品成本；完工后的成本明细账上所归集的生产费用，即为完工产品成本。因此在通常情况下，生产费用不需要在完工产品和在产品之间分配。如果产品批量较大、购货单位要求分次交货时，就会出现批内产品跨月陆续完工的情况，这时应采用适当的方法将生产费用在完工产品和月末在产品之间分配。

3. 以产品批次和销售订单为核算单位对象

（1）一般分批法的计算程序如图 3-5 所示。

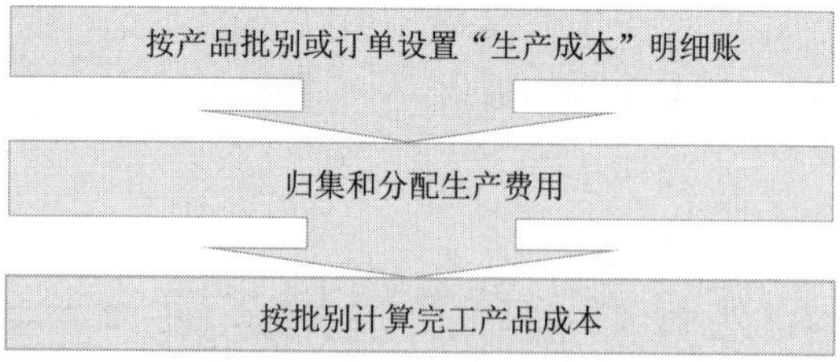

图 3-5　一般分批法的计算程序

（2）一般分批法运用。简化分批法的计算程序如图 3-6 所示。

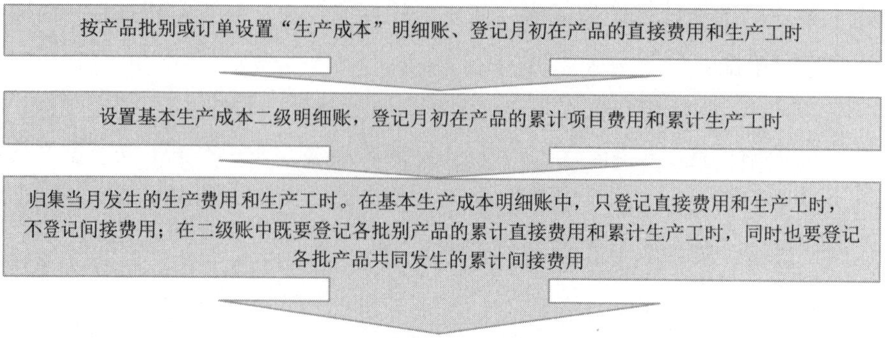

图 3-6　简化分批法的计算程序

月终，根据全部产品各项目累计间接费用和全部产品累计生产工时，计算全部产品各项累计间接计入费用分配率

根据各批完工产品的累计生产工时，计算并分摊各批完工产品应负担的各项间接费用，并计算完工产品总成本和单位成本，未完工产品不分摊间接费用

将各批完工产品成本在基本生产成本二级账和基本生产成本明细账中进行平行登记，将各批别当月完工产品汇总编制产品成本汇总表，据以作为编制完工入库产品记账凭证的原始依据

图 3–6　简化分批法的计算程序（续）

【例 3.13】易达公司 2×20 年 4 月 10 日完工 M 产品 25 件并交付广发公司验收合格。假设原材料生产时一次性投入，其他成本资料信息情况如表 3–8 所示。

表 3–8　产品成本计算单

订单号：825　　产品名称：M 产品　　下达日期：1 月 15 日
委托单位：广发公司　　批量：25 件　　交付日期：4 月 10 日　　单位：元

项　目		直接材料成本	直接人工成本	制造费用	合 计
3 月末成本明细账项目余额		113 000	58 000	28 400	199 400
4 月发生情况	材料分配汇总表	18 000			18 000
	工资分配汇总表		15 000		15 000
	制造费用分配汇总表			12 000	12 000
完工产品成本合计		131 000	73 000	40 400	244 400
结转产成品成本（25 件）		131 000	73 000	40 400	244 400
完工 M 产品单位成本		5 240	2 920	1 616	9 776

由表中可看出，订单号 825 的 M 产品 4 月份全部完工完成交付。因此 M 产品的生产成本就是 4 月初在产品成本至 4 月产品成本，即为本月完工产品的成本。

假设第二批订单庆发公司 M 产品 30 件、订单 826 号，5 月份生产成本统计情况计算单表 3–9 所示。

表 3–9　产品成本计算单

订单号：826　　产品名称：M 产品　　下达日期：2 月 15 日
委托单位：庆发公司　　批　量：30 件　　交付日期：6 月 10 日　　单位：元

项　目	直接材料成本	直接人工成本	制造费用	合计
4 月末成本明细账余额	—	—	—	—

续上表

项　目		直接材料成本	直接人工成本	制造费用	合计
5 月发生额	材料分配汇总表	135 000			135 000
	人工分配汇总表		57 500		57 500
	制造费分配汇总表			34 500	34 500
产品成本合计		135 000	57 500	34 500	227 000
结转产成品成本（20 件）		100 000	50 000	30 000	180 000
完工产品单位成本		5 000	2 500	1 500	
月末在产品成本		35 000	7 500	4 500	47 000

如表 3–9 所列批 826 订单 M 产品 5 月末没有全部完工，生产成本应采用一定的方法在完工产品和在产品之间进行分配。本例由于材料为生产一次性投入，所以材料成本按完工产品和在产品的实际数量比例进行分配，而其他成本则按约当产量法进行分配。计算如下：

计算 M 产品在产品约当产量，如表 3–10 所示。

表 3–10　M 产品约当产量计算表　　金额单位：元

工序	完工程度	在产品（件）		完工产品（件）	产量合计（件）	直接人工费用	制造费用
	①	②	③ = ① × ②	④	⑤ = ③ + ④	⑥	⑦
1	20%	3	0.60			57 500	34 500
2	45%	2	0.90				
3	75%	2	1.50				
合计	—	7	3	20	23		

材料成本按完工产品产量和在产品数量作为比例进行分配。

完工产品应负担的材料成本 =135 000 ÷（20+7）× 20= 100 000（元）

在产品应负担的材料成本 =135 000 ÷（20+7）× 7=35 000（元）

完工产品应负担的直接人工成本 =57 500 ÷（20+3）× 20=50 000（元）

在产品应负担的直接人工成本 =57 500 ÷（20+3）× 3=7 500（元）

完工产品应负担的制造费用成本 =34 500 ÷（20+3）× 20=30 000（元）

在产品应负担的制造费用成本 =34 500 ÷（20+3）× 3=4 500（元）

编制会计分录。

借：库存商品——M 产品　　180 000

　贷：生产成本——直接材料　　100 000

——直接人工　50 000

——制造费用　30 000

3.6.3 分步法（平行和逐步）计算程序及适用范围

分步法指按照生产过程中各个加工步骤（分品种）为成本核算对象，归集和分配生产成本，计算各步骤半成品和最后产成品成本的一种方法。这种方法适用于大量大批的多步骤生产，如冶金、纺织、机械制造。在这类企业中，产品生产可以分为若干个生产步骤的成本管理，通常不仅要求按照产品品种计算成本，而且还要求按照生产步骤计算成本，以便为考核和分析各种产品及各生产步骤的成本计划的执行情况提供资料。

1. 分步法计算成本的主要特点

（1）成本核算对象是各种产品的生产各步骤。

（2）月末，要将归集在生产成本明细账中的生产成本在完工产品和在产品之间进行分配，计算完工产品成本。

（3）除按品种计算和结转产品成本，还要计算和结转产品的各步骤成本，核算对象是产品各种和所生产的各个加工步骤。如果企业只生产一种产品，则成本核算对象就是该种产品及其所经过的各个生产步骤。其成本计算期是固定的，与产品的生产周期不一致。

2. 分步法成本计算程序

在实际工作中，根据成本管理对各生产步骤成本资料的不同要求（如是否要求计算半成品成本）和简化核算的要求，各生产步骤成本的计算和结转，一般采用逐步结转和平行结转两种方法，称为逐步结转分步法和平行结转分步法。

（1）逐步结转分步法。

逐步结转分步法是为了分步计算半成品成本而采用的一种分步法，也称计算半成品成本分步法。它是按照产品加工的顺序，逐步计算并结转半成品成本，直到最后加工步骤完成才能计算产成品成本的一种方法。先计算第一个加工步骤的半成品成本，然后结转给第二个加工步骤，这时，第二步骤把第一步骤结转来的半成品成本加上本步骤耗用的材料成本和加工成本，即可求得第二个加工步骤的半成品成本。这种方法适用于大量大批连续式复杂生产的企业。这种类型的企业，有的不仅将产成品作为商品对外销售，而且生产步骤所产半成品也经常作为商品对外销售。例如，钢铁厂的生铁、钢锭、纺织厂的棉纱等，都需要计算半成品成本。

逐步结转分步法在完工产品和在产品之间分配生产成本，即在各步骤完工产品和在产品之间进行分配。

①这种核算方法的优点有如下几方面。

一是能提供各个生产步骤的半成品资料。

二是为各生产步骤的在产品实物管理及资金管理提供资料。

三是能够全面地反映各生产步骤的生产耗费水平，更好地满足各生产步骤成本管理的要求。

②缺点主要体现在如下几方面。

成本结转工作量较大，各步骤的半成品成本如果采用逐步综合结转方法，还要进行成本还原，增加了核算的工作量。

逐步结转分步法按照成本在下一步骤成本计算单中的反映方式，还可以分为综合结转和分项结转两种方法。这里只对综合结转法加以介绍。

综合结转法是指上一步骤转入下一步骤的半成品成本，以“直接材料”或专设的“半成品”项目综合列入下一步骤的成本计算单中。如果半成品通过半成品库收发，由于各月所生产的半成品的单位成本不同，因而所耗半成品的单位成本可以如同材料核算一样，采用先进先出法或加权平均方法计算。

【例 3.14】易达公司 Y 产品的生产分两个步骤在两个生产车间内进行，第一生产车间为第二生产车间提供 X 半成品，半成品收发通过半成品库进行。两个生产车间的月末在产品均按约当产量核算成本。计算程序如下。

根据各种成本分配表、半成品产量月报和第一生产车间在产品定额成本资料（这些成本的归集分配同品种法），登记 X 产品第一生产车间（半成品）成本计算单，如表 3-11 所示。

表 3-11　X 产品（半成品）成本计算单

机加 1 车间　　2×20 年 2 月　　金额单位：元

项　目	完工产量	直接材料	直接人工	制造费用	合 计
月初在产品成本（约当产量）	320	310 000	43 000	30 000	383 000
本月生产成本		440 000	82 000	62 000	584 000
本月成本合计		750 000	125 000	92 000	967 000
本月完工半成品	500	625 000	104 166.67	76 666.67	805 833.34
月末在产品（约当产量）	100	125 000	20 833.33	15 333.33	161 166.66

根据机加 1 车间 X 产品成本计算单表和半成品入库单，编制会计分录如下。

借：自制半成品——XX 产品　　805 833.34

　贷：生产成本——基本生产成本——X 产品　　805 833.34

根据第一生产车间 X 产品成本计算单、半成品入库单，登记半成品明细账，如表 3–12 所示。

表 3–12　半成品明细账

金额单位：元

月份	月初余额		本月入库		合计			本月领用出库	
	数量（件）	实际成本	数量（件）	实际成本	数量（件）	实际成本	单位成本	数量（件）	实际成本
2	300	488 572.51	500	805 833.34	800	1 294 405.85	1 618.01	450.00	728 103.29

根据半成品明细账所列半成品单位成本资料和机加 2 车间生产 Y 产品领用 X 半成品出库单，编制会计分录如下。

借：生产成本——基本生产成本——Y 产品　　728 103.29

　贷：自制半成品——X 产品　　728 103.29

根据各种成本分配表、半成品领用单、产成品产量月报，以及第二生产车间在产品定额成本资料，登记第二生产车间（产成品）成本计算单，如表 3–13 所示。

表 3–13　Y 产品（产成品）成本计算单

机加 2 车间　　2×20 年 2 月　　金额单位：元

项 目	产量（件）	直接材料成本	直接人工成本	制造费用	合 计
月初在产品（约当产量）	90	128 214	92 147	142 633	362 994
本月发生生产成本		728 103.29	134 688.89	108 395.83	971 188.01
合计		856 317.29	226 835.89	251 028.83	1 334 182.01
产成品转出	400	796 574.22	211 010.13	233 515.19	1 241 099.55
单位成本		1 991.44	527.53	583.79	3 102.75
月末在产品（约当产量）	30	59 743.07	15 825.76	17 513.64	93 082.47

根据第二生产车间 E 产品（产成品）成本计算单和产成品入库单编制会计分录如下。

借：库存商品——Y 产品　　1 241 099.55

　贷：生产成本——基本生产成本——（Y 产品）　　1 241 099.55

（2）平行结转分步法。

平行结转分步法（不计算半成品成本分步法），指在各步骤成本计算时，忽略各步骤所产半成品的成本和各步骤所耗上一步骤的半成品成本，只计算各步骤发生的各项其他应计入产成品的成本份额，将相同产品的各步骤成本明细账中的这些份额平行结转、汇总，计算出该种产品的产成品成本。

①成本核算对象和成本结转程序。采用平行结转分步法的成本核算对象是各种产成品及其经过的各生产步骤中的成本份额，而各步骤的产品生产成本并不伴随着半成品实物的转移而结转。其成本结转流程如图 3–7 所示。

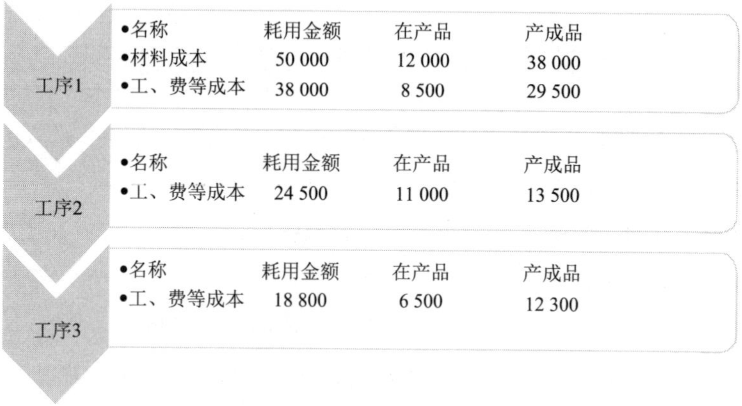

图 3–7 成本结转流程

成本计算单如下。

金额单位：元

项目	材料成本	其他费用	成本小计	完工数量	单位成本
工序 1	38 000	29 500	67 500		
工序 2		13 500	13 500		
工序 3		12 300	12 300		
合计	38 000	55 300	93 300	500	186.60

从图 3–7 可以看出，各生产步骤均不计算本步骤的半成品成本，尽管半成品的实物转入下一生产步骤继续加工，但其成本并不结转到下一生产步骤的成本计算单中去，只是在产品最后完工结转入产成品库时，才将各步骤生产成本中应由完工产品负担的份额，从各步骤成本计算单中转出，平行汇总计算产成品的成本。

②产品生产成本在完工产品和在产品之间的分配。采用平行结转分步法，每一生产步骤的生产成本也要在其完工产品与月末在产品之间进行分配。但是完工产品是指企业最后完工的产成品；在产品是指各步骤尚未加工完成的在产品和各步骤已完工但尚未最终完成的产品。

【例 3.15】易达公司生产的丁产品经过三个车间连续加工制成，第一车间生产 D 半成品，直接转入第二车间加工制成 H 半成品，H 半成品直接转入第三车间加工成丁产成品。其中，1 件丁产品耗用 1 件 H 半成品，1 件 H 半成品耗用 1 件 D 半成品。原材料于第一车间生产开始时一次投入，第二车间和第三车间不再投入材料。各车间月末在产品完工率均为 50%。各车间生产费用在完工产品和在产品之间的分配采用约当产量法。

（1）本月各车间产量资料如下，如表 3–14 所示。

表 3–14　各车间产量资料表

单位：件

摘　要	第一车间	第二车间	第三车间
月初在产品数量	20	50	40
本月投产数量或上步转入	180	160	180
本月完工产品数量	160	180	200
月末在产品数量	40	30	20

（2）各车间月初及本月费用资料如下，如表 3–15 所示。

表 3–15　各车间月初及本月费用

单位：元

摘　要		直接材料	直接人工	制造费用	合计
第一车间	月初在产品成本	1 000	60	100	1 160
	本月的生产费用	18 400	2 200	2 400	23 000
第二车间	月初在产品成本		200	120	320
	本月的生产费用		3 200	4 800	8 000
第三车间	月初在产品成本		180	160	340
	本月的生产费用		3 450	2 550	6 000

下面采用平行结转法计算丁产品的生产成本，计算过程如下。

（1）编制各生产步骤约当产量的计算表，如表 3–16 所示。

表 3–16　各生产步骤约当产量的计算表

摘 要	直接材料	直接人工	制造费用
第一车间步骤的约当产量	290 （200+40+30+20）	270 （200+40 × 50%+30+20）	270
第二车间步骤的约当产量	250 （200+20+30）	235 （200+30 × 50%+20）	235
第三车间步骤的约当产量	220 （200+20）	210 （200+20 × 50%）	210

（2）编制各生产步骤的成本计算单，如表 3–17、表 3–18、表 3–19 所示。

表 3–17　产品成本计算单 1

车间：第一车间　　　　品名：丁产品（D 半成品）　　　单位：元

摘　要	直接材料	直接人工	制造费用	合计
月初在产品成本	1 000	60	100	1 160
本月发生费用	18 400	2 200	2 400	23 000
合　计	19 400	2 260	2 500	24 160
第一步骤约当产量	290	270	270	
分配率	66.90	8.37	9.26	
应计入产成品成本份额	13 380	1 674	1 852	16 906
月末在产品成本	6 020	586	648	7 254

表 3–18　产品成本计算单 2

车间：第二车间　　　　品名：丁产品（H 半成品）　　　单位：元

摘 要	直接人工	制造费用	合计
月初在产品成本	200	120	320
本月发生费用	3 200	4 800	8 000
合计	3 400	4 920	8 320
第二步骤约当产量	235	235	
分配率	14.47	20.94	
应计入产成品成本份额	2 894	4 188	7 082
月末在产品成本	506	732	1 238

表 3–19　产品成本计算单 3

车间：第三车间　　　　　　品名：丁产品　　　　　　单位：元

摘　要	直接人工	制造费用	合计
月初在产品成本	180	160	340.00
本月发生费用	3 450	2 550	6 000
合计	3 630	2 710	6 340
第三步骤约当产量	210	210	
分配率	17.29	12.90	
应计入产成品成本份额	3 458	2 580	6 038
月末在产品成本	172	130	302

（3）编制产品成本汇总表如表 3–20 所示。

表 3–20　产品成本汇总计算表

产品名称：丁产品　　　　　　　　　　　　　　　　　　　　单位：元

项目	数量	直接材料	直接人工	制造费用	总成本	单位成本
第一车间		13 380	1 674	1 852	16 906	84.53
第二车间			2 894	4 188	7 082	35.41
第三车间			3 458	2 580	6 038	30.19
合计	200	13 380	8 026	8 620	30 026	150.13

根据产品成本汇总计算表和产成品入库单，编制结转完工入库产品生产成本的会计分录如下。

借：库存商品——丁产品　　　　　　　　　　　30 026

　贷：基本生产成本——第一车间　　　　　　　　16 906

　　　　　　　　　——第二车间　　　　　　　　7 082

　　　　　　　　　——第三车间　　　　　　　　6 038

从成本核算程序中，可以看出平行结转分步法的特点。

① 各生产步骤不计算半成品成本，只计算本步骤所发生的生产费用。除第一步骤生产费用中包括所耗用的原材料和加工费用外，其他各步骤只计算本步骤发生的各项加工费用。

② 各步骤之间不结转半成品成本，不通过“自制半成品”账户进行总分类核算。

③ 为了计算各生产步骤发生的费用中应计入产成品的“份额”，必须将每

一步骤发生的费用划分为耗用于产成品部分和尚未最后制成的在产品部分。这里的在产品包括：尚未在本步骤加工中的在产品；本步骤已完工转入半成品库的半成品；已从半成品库转到以后步骤进一步加工、尚未最后制成的半成品。这是就整个企业而言的广义在产品。

④ 将各步骤费用中应计入产成品的“份额”，平行结转、汇总计算该种产品的总成本和单位成本。

3.6.4 分类法计算程序及适用范围

分类法是指在产品品种繁多，但可以按照一定标准分类的情况下，为了简化计算工作而采用的一种成本计算方法。其特点是：按照产品类别归集费用、计算成本；同一类产品内不同品种产品的成本采用一定的分配方法分配确定。在分类法中，按照系数分配同类产品内各种产品成本的方法，也叫系数法，是一种简化的分类法。下面举例说明分类法的计算程序。

例如，某企业生产 A、B、C 三种产品，所用原材料和工艺过程相似，合为一类计算成本。该类产品的原材料费用按照各种产品的原材料费用系数进行分配；原材料费用系数按原材料费用定额确定。该企业规定 B 种产品为标准产品。根据各产品所耗各种原材料的消耗定额、计划单价以及费用总定额，编制原材料费用系数计算表。

【例 3.16】易达公司机加 1 车间 8 月共生产 ABC3 种产品，各种产品原材料费用系数，分别为 A 产品 1，B 产品 1.16，C 产品 0.9。

该企业规定：同类产品内各种产品之间的工资及福利费和制造费用，均按各种产品的定额工时比例分配。其工时定额 A 产品 22 小时，B 产品 18 小时，C 产品 15 小时。其中 8 月份的产量 A 产品 500 件，B 产品 400 件，C 产品 450 件。8 月份产品成本明细账如表 3-21 所示。

表 3-21 分类产品成本明细账

产品类别：第一类　　　　金额单位：元

项目	原材料	人工费用	制造费用	合 计
月初产品成本（定额成本）	53 350	35 000	28 500	116 850

续上表

项目	原材料	人工费用	制造费用	合 计
本月发生生产费用	124 000	83 000	76 600	283 600
本月生产费用累计	177 350	118 000	105 100	400 450
本月产成品成本	114 850	76 700	68 315	259 865
月末在产品成本（定额成本）	62 500	41 300	36 785	140 585

根据各种产品的产量、原材料费用系数，以及该类产品成本明细账 8 月份产成品成本资料，编制该类各种产成品成本计算表，如表 3–22 所示。

表 3–22 同类别各种产成品成本计算表

项目	产量（台）	原材料费用系数	原材料费用总系数	工时定额小时	定额工时小时	材料费用分配率	原材料	工资分配率	工资费用	制造费用分配率	制造费用	成本合计
A 产品	500	1	500	22	11 000	83.89	41 946.68	3.07	33 815.63	2.74	30 118.84	105 881.15
B 产品	400	1.16	464	18	7 200		38 926.52		22 133.87		19 714.15	80 774.53
C 产品	450	0.9	405	15	6 750		33 976.81		20 750.50		18 482.01	73 209.32
合计			1 369		24 950		114 850		76 700		68 315	259 865

原材料费用分配率 =114 850 ÷（500+464+405）=83.89

工资费分配率 =76 700 ÷（11 000+7 200+6 750）=3.07

制造费用分配率 =68 315 ÷（11 000+7 200+6 750）=2.74

会计账务处理。

借：生产成本——A 产品　　105 881.15

　　　　　　——B 产品　　80 774.53

　　　　　　——C 产品　　73 209.32

　贷：生产成本——原材料　　114 850.00

　　　应付职工薪酬　　76 700.00

　　　制造费用　　68 315.00

3.6.5 定额法计算程序及适用范围

1. 定额法的概念、特点及适用范围

（1）定额法的概念

定额法是以产品的定额成本为基础，减去脱离定额差异和定额变动差异，计算产品实际成本的一种方法。这种方法是为了加强成本管理，进行成本控制而采用的一种成本计算与成本管理相结合的方法。与企业的成本预算概念相同，在企业的经营管理范围中应用越来越普遍。年初根据上一年的各项财务数据对新一年总的费用预算和成本预算设定，可以实现在企业生产运营过程中的管理控制。

（2）定额法的特点。

事前制定产品各项目（料、工、费）的消耗定额，作为降低成本的目标，在生产费用发生时，就将符合定额的费用和发生的差异分别核算，将成本的分析和控制在日常核算中加强，月末，在定额成本的基础上，加减各种成本差异，计算产品的实际成本，并为成本的定期考核和分析提供数据。

（3）定额法的适用范围。

定额法与生产类型没有直接联系。凡是定额管理制度比较健全，定额管理工作基础较好，产品生产已定型，各项消耗定额比较准确、稳定的企业，都适用定额法。这种情况很容易理解，成熟的企业在各项管理都很完善的情况下，很多数据的参考价值都很精准，单品的核算也完善而且稳定，这样，采用定额与实际变化也基本一致，不存在差异。

2. 定额法的基本原理

产品的实际成本是由定额成本、脱离定额差异和定额变动差异三个因素组成的。

产品实际成本 = 产品定额成本 +（-）脱离定额差异 +（-）定额变动差异

3. 定额法的计算程序

（1）定额成本的制定。

定额成本包括定额材料、定额人工、定额制造费用。

定额成本与计划成本的共同点和区别如图 3-8 所示。

定额成本与计划成本：

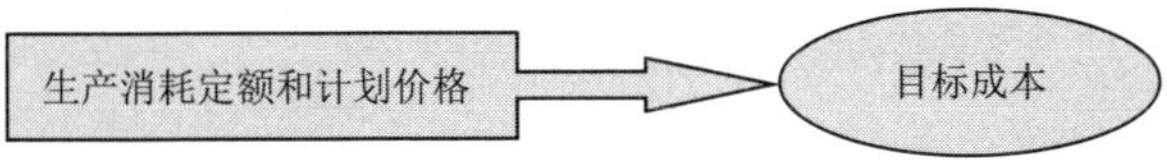

定额成本：

计划成本：

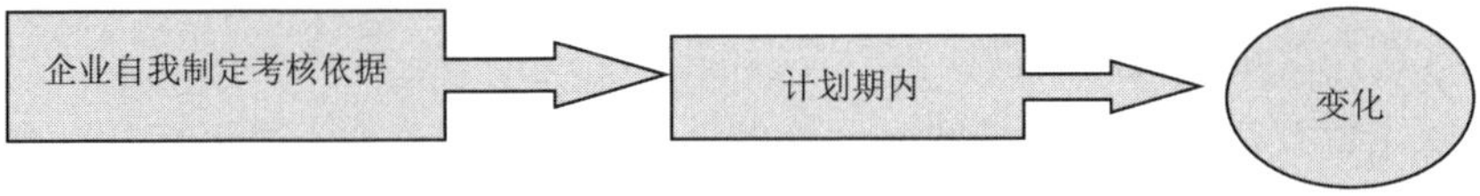

图 3-8　定额成本与计划成本的共同点和区别

（2）脱离定额差异的计算。

①脱离定额的差异如图 3-9 所示。

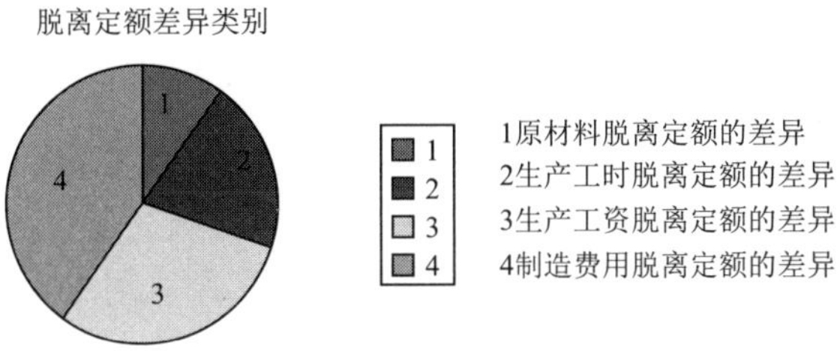

图 3-9　脱离定额的差异类别

②原材料脱离定额的差异是按原材料的计划单价计算的，不包括价格差异和成本差异，特指数量差异。

③产品成本 = 产品定额成本 +（或 -）脱离定额差异

（3）材料成本差异的分配。

①采用定额法计算成本，为了便于产品的分析和考核，原材料的日常核算必须按计划成本进行。

②某产品应分配的原材料成本差异 =［该产品原材料定额费用 +（或 -）原材料脱离定额差异］× 原材料成本差异率

③产品成本 = 产品定额成本 +（或 -）脱离定额差异 +（或 -）原材料或半

成品成本差异

（4）定额变动差异的计算。

①定额变动差异：指由于修订定额或生产耗费的计划价格而产生的新旧定额之间的差额。在消耗定额计划价格修订之后，定额成本也应随之及时修订。

②在定额变动的月份，月初在产品的定额成本并未修订，它仍然是按照旧的定额计算的。

③将按旧定额计算的月初在产品定额成本和按新定额计算本月投入产品定额成本置于统一基础上，需要按新定额计算月初在产品的定额变动差异，用以调整月初在产品的定额成本。

④定额变动系数 = 按新定额计算的单位产品费用（或）按旧定额计算的单位产品费用

月初在产品定额变动差异 = 按旧定额计算的月初在产品费用 ×（1– 定额变动系数）

（5）月初在产品定额变动差异，通常表现为月初在产品价值的降低，即贬值。应从月初在产品定额费用中扣除该项差异，加入本月产品成本中。如果消耗定额不是降低，而是提高，月初在产品增值的差异则应加入月初在产品定额费用中，同时，从本月产品成本中将之予以扣除。定额降低时，减少了定额成本，增加了定额变动差异，定额提高时，情况则相反。

（6）产品实际成本 = 按现行定额计算的产品定额成本 +（或 –）脱离现行定额差异 +（或 –）原材料或半成品成本差异 +（或 –）月初在产品定额变动差异

3. 定额法的优缺点

优点有如下方面。

（1）通过对生产耗费和生产费用脱离定额与计划的差异的日常核算，能够在各该耗费和费用发生时及时反映和监督脱离定额的偏差，能加强成本控制，及时发现生产中的成本耗费问题、有效促进生产节约耗费，降低产品成本。

（2）因为产品实际成本是按照定额成本和各种成本差异分别反映的，所以便于进行产品成本的定期分析，有利于进一步挖掘降低成本的潜力。

（3）通过脱离定额差异和定额变动差异的核算，对提高成本的定额管理和计划管理工作水平有积极的作用。

（4）通过已有定额成本资料，能够比较合理且快速解决完工产品和月末在产品之间费用分配的问题。

缺点有如下方面。

（1）制定定额成本时要单独计算脱离定额的差异，计算量很大。

（2）在定额变动时要修订定额成本并计算定额变动差异，计算的工作量较大。

【例 3.17】某公司甲产品采用定额法计算成本。本月有关甲产品原材料费用的资料如表 3–23 所示。

表 3–23　甲产品原材料费用　　金额单位：元

月初在产品			本月生产成本		月末产成品		
定额费用	脱离定额差异	修订定额费用	定额费用	脱离定额差异	完工产品产量	原材料耗用定额	定额变动系数
20 000	–200	18 500	250 000	–6 000	600	350	0.95

本月原材料成本差异率为节约 1.5%，定额变动、材料成本差异全部由完工产品负担（脱离定额差异，按定额费用比例在完工产品和月末在产品之间分配）。

则可计算得出以下相关数据。

本月单位产品原材料费用定额 =350 × 0.95=332.5（元）

完工产品原材料定额费用 =600 × 332.5=199 500（元）

月末在产品的原材料定额费用 =18 500+250 000−199 500=69 000（元）

原材料脱离定额差异率 =（−200−6 000）÷（199 500+69 000）=−2.3%

本月应负担的原材料成本差异 =（250 000−6 000）×（−1.5%）=−3 660（元）

本月完工产品原材料实际费用 =199 500+199 500 ×（−2.3%）−3 660

=191 402（元）

月末在产品原材料实际费用 =69 000+69 000 ×（−2.3%）=67 413（元）

3.6.6 联产品成本的分配

联产品是指利用共同原料，在加工过程中，生产出两种或以上产品，且各产品的重要性相差无几，即其经济价值差不多。而副产品是在共同生产过程中产出经济价值较小的，属于附带产出者，这些联产品、主、副产品均可称为同源产品。

比如大豆油脂加工出豆油后剩余的是豆粕，豆油和豆粕就可视为联产品，成本在两者之间分摊。

联产品的生产特点是在生产开始时，各产品尚未分离，在同一加工过程中对联产品进行联合加工，当生产过程进行到一定生产步骤，产品才会分离。在分离点以前发生的生产成本，称为联合成本“分离点”，指在联产品生产中，投入相同原料，经过同一生产过程，分离为各种联产品的时点。分离后的联产品，有的可以直接销售，有的还需进一步加工才可销售。联产品成本的计算，通常分为两个阶段，一是联产品分离前发生的生产成本即联合成本，可按一个成本核算对象设置一个成本明细账进行归集，然后将其总额按一定分配方法，如售价法、实物数量法，在各联产品之间进行分配；二是分离后按各种产品分别设置明细账，归集其分离后所发生的加工成本。

联产品成本计算的一般程序有如下几方面。

1. 将联产品作为成本核算对象，设置成本明细账

联产品的特点决定了联产品在分离之前，不可能按各种产品分别计算成本，只能按联产品作为成本核算对象。

2. 归集联产品成本，计算联合成本

联产品发生的成本为联合成本。联产品的在产品一般比较稳定，可不计算期初、期末在产品成本，本期发生的生产成本全部为联产品的完工产品成本。

计算各种产品的成本联产品的联合成本在分离点后，可按一定分配方法，如售价法、实物数量法，在各联产品之间进行分配，分别确定各种产品的成本。

在售价法下，联合成本是按分离点上每种产品的销售价格比例进行分配的。采取这种方法，要求每种产品在分离点时的销售价格能够可靠地计量。

如果联产品在分离点上即可供销售，则可采用销售价格进行分配。售价法公式：

联合成本分配率 = 待分配联合成本 ÷ 各产品分离点总售价之和

某产品分配成本 = 联合成本分配率 × 某产品分离点总售价

【例 3.18】某公司生产 W 和 M 两种联产品。3 月份发生联合加工成本 45 000 元，W 产品和 M 产品在分离点上的销售价格总额分别为 28 000 元、32 000 元。

采用售价法分配联合成本。

联合成本分配率 =45 000 ÷（28 000+32 000）× 100%=75%

W 产品分配成本 =28 000 × 75%=21 000（元）

M 产品分配成本 =32 000 × 75%=24 000（元）

如不知分离点上产品的售价时，估计 W 和 M 两种产品的售价。采用实物数量法时，联合成本是以产品的实物数量为基础分配的。这里的“实物数量”可以是数量、重量。实物数量法通常适用于所生产产品的价格很不稳定或无法直接确定的情况。实物数量法公式：

联合成本分配率 = 联合成本 ÷ 各联产品的总数量（或总重量）

某产品分配成本 = 联合成本分配率 × 某产品实物数量（或重量）

【例 3.19】承上例信息，W 产品为 1 400 件，M 产品为 1 600 件。

采用实物数量法分配联合成本。

联合成本分配率 =45 000 ÷（1 400+1 600）=15

W 产品分配的成本 =1 400 × 15=21 000（元）

M 产品分配的成本 =1 600 × 15=24 000（元）

如果这些产品尚需要进一步加工后才可供销售，则需要对分离点上的销售价格进行估计。此时，也可采用可变现净值进行分配。可变现净值法公式：

联合成本分配率 = 待分配联合成本 ÷ 各产品可变现净值总和

某产品分配成本 = 联合成本分配率 × 某产品可变现净值

某产品可变现净值 = 分离点产量 × 该产品单位售价 – 分离点后该产品后续加工成本

【例 3.20】承上例信息：W、M 两种产品在分离点后仍需进一步加工才能对外销售。W、M 产品的后续加工成本分别为 4 000 元和 6 000 元。分离点的估计售价 17.85 元和 18.75 元。按可变现净值法计算如下。

W 产品可变现净值 =1 400 × 17.85–4 000=20 990（元）

M 产品可变现净值 =1 600 × 18.75–6 000=24 000（元）

联合成本分配率 =45 000 ÷（20 990+24 000）≈ 1

W 产品分配成本 =20 990 × 1=20 990（元）

M 产品分配成本 =24 000 × 1=24 000（元）

3. 计算联产品分离后的加工成本

联产品分离后继续加工的，按各种产品分别设置明细账，归集其分离后所发生的加工成本。

3.6.7 副产品成本的分配

副产品，指在同一生产过程中，使用同种原料，在生产主要产品的同时附带生产出来的非主要产品。它的产量取决于主产品的产量，随主产品产量的变动而变动。如甘油是生产肥皂这个主产品时的副产品。由于副产品价值相对较低，而且在全部产品生产中所占的比重较小，因而可以采用简化的方法确定其成本，将副产品和主产品作为一个成本核算对象，从总成本中扣除副产品的成本，其余额就是主产品的成本。

在分配主产品和副产品的生产成本时，通常先确定副产品的生产成本，然后确定主产品的生产成本。

【例 3.21】某公司在生产主要产品 S 的同时，还生产了某种副产品 U。该种副产品 U 可直接对外出售，售价为 20 元 /kg。2×20 年 2 月主要产品和副产品发生的生产成本总额为 220 000 元，副产品 U 的产量为 1 000 kg。假定该公司按预先规定的副产品的售价确定副产品的成本。

副产品 U 的成本 =20×1 000=20 000（元）

主要产品 S 应负担的成本 =220 000−20 000=200 000（元）

会计业务处理如下。

（1）加工车间领用原材料时。

借：生产成本	220 000	
贷：原材料		220 000

（2）产品完成入库时。

借：产成品——S 产品	200 000	
——U 产品	20 000	
贷：生产成本		220 000

本章小结

1. 在产品的核算及数量如何确定？

在核算在产品的企业中，月末要对在产品进行全面的盘点，根据盘点数据确定在产品的数量，用以进一步核算产成品和在产品之间分配的各项生产成本。在产品也可以按照固定的金额分摊生产成本。此类情况适用于月末在产品数量没有变化且金额不大、生产加工流程简单的企业。

2. 产成品的成本核算方法有哪些？

品种法、分步法、分批法、分类法等都是依据企业的实际生产情况而确定的，具体核算过程略。

第4章

成本报表的编制与分析

4.1 产品成本报表概念与作用

4.1.1 产品成本报表的概念

产品成本报表是一种企业内部的报表。是企业根据生产经营管理的需要，依据生产中各项成本相关记录单，集中汇总分类编制而成，用以反映企业产品的成本水平和成本构成情况的一种报表。记录和分析企业产品成本的构成特点比重等价值信息，通过与相关报表数据中不同时间的信息对比，与其他科目计算和差，列出企业运营活动中需要的项目数据，旨在为企业的经营管理提供有价值的信息。

4.1.2 产品生产成本表的分类、编制

产品生产成本表是反映企业在报告期内生产的全部产品的总成本的报表。此表一般分为两种，一种按料、工、费成本项目反映，另一种按产品种类反映。如机加车间生产成本报表按品种分类有：A、A1、D、E、F 5种。以哪一种标准分类，则相应的内容就成为成本报表的主导部分。

反映产品成本的相关报表还有各期费用报表，如管理费用、销售费用报表都是根据生产经营的需要而定。报表的编制时间也分定期和不定期，如销售产品成本汇总表、管理费用、销售费用都在月末定期编报，为企业下一期的生产经营服务。

4.1.3 产品成本报表编制程序

1. 按成本项目反映的产品生产成本表的编制

按成本项目反映的产品生产成本表，是按成本项目汇总反映企业在报告期内发生的全部生产成本，以及产品生产成本合计额的报表。

按成本项目反映的产品生产成本表。

（1）上年实际数应根据上年 12 月份本表的本年累计实际数填列。

（2）本年计划数应根据成本计划有关资料填列。

（3）本年累计实际数应根据本月实际数和上月份本表的本年累计实际数计算填列。

【例 4.1】易达公司按成本项目编制的产品生产成本如表 4-1 所示。

表 4-1 易达公司 2×20 年 12 月产品生产成本表

单位：元

生产成本项目	上年实际	本年计划	本月实际	本年累计实际
直接材料成本	211 880	205 655	20 720	210 635
直接人工成本	161 544	144 035	13 490	147 304
制造费用	87 275	96 920	8 035	91 205
生产成本合计	460 699	446 610	42 245	449 144
加：在产品、自制半成品期初余额	23 180	23 960	2 255	19 249
减：在产品、自制半成品期末余额	19 249	19 930	3 165	25 115
产成品生产成本合计	464 630	450 640	41 335	443 278

通过这个成本表可以得出一些对比数据的信息。如“本年累计实际 - 本年计划”之差异，即本年实际成本与预算成本的超支或节约情况。“本年累计实际 - 上年实际”之差异，即可得出较上年的成本控制超支或节约情况。再通过材料、人工、制造费用的具体项目差异可找到超支或节约的环节，从而更好地调整生产运营的管理工作。

2. 按产品种类反映的产品生产成本表的编制

按产品种类反映的产品生产成本表，是按产品种类汇总反映企业在报告期内，生产全部产品的单位成本和总成本的报表。

例如，某公司按产品种类编制的产品生产成本如表 4-2 所示。

表 4-2　某公司产品生产成本表（按产品种类反映）

金额单位：元

产品名称	实际产量		单位成本				本月总成本			本年累计总成本			
	本月	本年累计	上年计划平均	上年实际	本年计划	本月实际	本年累计实际平均	按上年实际平均单位成本	按本年计划单位成本计算	按本月实际单位成本计算	按上年实际平均单位成本计算	按本年计划单位成本计算	本月实际单位成本计算
A	100	1 100	110	120	100	98.5	100.2	11 000	10 000	9 850	132 000	110 000	108 350
B	200	2 450	120	118	110	120	113.5	24 000	22 000	24 000	289 100	269 500	294 000
C	300	3 500	130	122	120	115	112.8	39 000	36 000	34 500	427 000	420 000	402 500
D	400	6 000	140	130	130	120.2	124	56 000	52 000	48 080	780 000	780 000	721 200
合计							450.5	130 000	120 000	116 430	1 628 100	1 579 500	1 526 050

3. 按产品种类反映的产品生产成本表填列

（1）各种产品的本月实际产量，应根据相应的产品成本明细账填列。

（2）本年累计实际产量，应根据本月实际产量，加上上月本表的本年累计实际产量计算填列。

（3）上年实际平均单位成本，应根据上年度本表所列全部累计实际平均单位成本填列。

（4）本年计划单位成本，应根据本年度成本计划填列。

（5）本月实际单位成本，应根据表中本月实际总成本除以本月实际产量计算填列。

（6）如果在产品成本明细账或产成品成本汇总表中有着现成的本月产品实际的产量、总成本和单位成本，表中这些项目都可以根据产品成本明细账或产成品成本汇总表填列。

（7）产品生产成本表中本年累计实际平均单位成本，应根据表中本年累计实际总成本除以本年累计实际产量计算填列。

（8）按上年实际平均单位成本计算的本月总成本和本年累计总成本，应根据本月实际产量和本年累计实际产量，乘以上年实际平均单位成本计算填列。

（9）按本年计划单位成本计算的本月总成本和本年累计总成本，应根据本月实际产量和本年累计实际产量，乘以本年计划单位成本计算填列。

（10）本月实际总成本，应根据产品成本明细账或产成品成本汇总表填列。

（11）本年累计实际总成本，应根据产品成本明细账或产成品成本汇总表本年各月产成品成本计算填列。如果有不合格品，应单列一行，并注明“不合格品”字样，不应与合格产品合并填列。

现在很多企业都有预算管理。对于成本的控制先根据前期的生产情况与本期的预计生产情况进行一次合理的预算，也就是表格中的计划数列示情况，能够更好地帮助企业掌控成本管理。

4. 可比产品成本的报表及分析

现在企业很重视对比差异分析。有了本年成本比上年成本的降低额或降低率的计划指标，可以根据品种反映成本报表情况，并依次填列。

可比产品成本的降低额和降低率的计算公式如下：

可比产品成本降低额 = 可比产品按上年实际平均单位成本计算的本年累计总成本 – 本年累计实际总成本

可比产品成本降低率 = 可比产品成本降低额 ÷ 可比产品按上年实际平均单位成本计算的本年累计总成本 ×100%

接前面表 4–2 所列，A、B、C、D 四种产品的可比成本降低额分别如下。

A 产品可比成本降低额 =132 000–108 350=23 650（元）

B 产品可比成本降低额 =289 100–294 000=–4 900（元）

C 产品可比成本降低额 =427 000–402 500=24 500（元）

D 产品可比成本降低额 =780 000–721 200=58 800（元）

A 产品可比成本降低率 =23 650 ÷ 132 000 × 100%=17.92%

B 产品可比成本降低率 =–4 900 ÷ 289 100 × 100%=–1.69%

C 产品可比成本降低率 =24 500 ÷ 427 000 × 100%=5.74%

D 产品可比成本降低率 =58 800 ÷ 780 000 × 100%=7.54%

此表还可展开做更多方面的可比数据分析，具体关系根据企业的实际需要设置。如当绩效考核按月考评时，可对产品成本的月度成本数据进行分析，从单位成本、总成本、成本费用率的可比降低情况入手，进而对降低的情况再做更进一步的原因分析，为企业成本管理工作服务。

4.2 产品总成本分析

4.2.1 按成本项目反映的产品生产成本表的分析

按成本项目反映的产品生产成本表，一般可以采用对比分析法、构成比率分析法和相关指标比率分析法进行分析。成本只是列示出来不进行对比分析，对企业来说意义失去大半，只能够表明核算当期的产品成本构成情况，在管理中不能够给决策提供有价值的数据信息。因此必须寻找一些企业发展需要的成本数据项目进行对比分析，从而发现管理中存在的问题帮助企业更好地成长。

1. 对比分析法

对比分析法也称比较分析法，它是通过实际数与基数的对比来揭示实际数与基数之间的差异，借以了解经济活动成绩和问题的一种分析方法。

对比的基数由于分析目的不同而有所不同，一般有计划数、定额数、前期实际数、以往年度同期实际数以及本企业历史先进水平和国内外同行业的先进水平等，主要看成本分析目的是什么。

对比分析法只适用于同质指标的数量对比。在采用这种分析法时，应当注意相比指标的可比性。进行对比的各项指标，在经济内容、计算方法、计算期和影响指标形成的客观条件等方面，应有可比的共同基础。如果相比的指标之间有不可比因素，应先按可比的口径进行调整，然后再进行对比。

【例 4.2】易达公司机加 1 车间 2×20 年 2 月份生产 A、B 两种产品，完工入库数量为 385 件和 200 件，材料消耗总额分别为 38 500 元、26 000 元，本月计划单位材料消耗为 120 元、125 元。问 A、B 产品的材料单位消耗是多少？实际与计划单位材料消耗比较差异是多少？

A 材料的实际单位定额消耗 =38 500 ÷ 385=100（元）

B 材料的实际单位定额消耗 =26 000 ÷ 200=130（元）

A 材料的实际单位消耗与计划单位消耗差异 =100−120=−20（元）

B 材料的实际单位消耗与计划单位消耗差异 =130−125=5（元）

计算结果得出结论：A 材料实际比计划节约 20 元，B 材料实际比计划超标 5 元。

2. 构成比率分析法

构成比率分析法是通过计算某项指标的各个组成部分占总体的比重，即部分与全部的比率，进行数量分析的方法。该比率分析法也称比重分析法。通过这种方法分析，可以反映产品成本的构成是否合理。

产品成本构成比率的计算公式列示如下：

直接材料成本比率 = 直接材料成本 ÷ 产品成本 ×100%

直接人工成本比率 = 直接人工成本 ÷ 产品成本 ×100%

制造费用比率 = 制造费用 ÷ 产品成本 ×100%

【例 4.3】易达公司 2×20 年 2 月生产车间产品成本汇总如表 4-3 所示。

表 4-3 生产成本汇总表

金额单位：元

名称	直接材料	直接人工	制造费用	成本合计	产品数量	单 价
A 产品	125 000	88 000	65 000	278 000	200	1 390
B 产品	138 000	95 000	58 000	291 000	250	1 164
C 产品	115 200	76 000	34 800	226 000	220	1 027
合计	378 200	259 000	157 800	795 000		

A 产品直接材料成本比率 =125 000 ÷ 278 000 × 100%=44.96%

A 产品直接人工成本比率 =88 000 ÷ 278 000 × 100%=31.65%

A 产品制造费用成本比率 =65 000 ÷ 278 000 × 100%=23.38%

B 产品直接材料成本比率 =138 000 ÷ 291 000 × 100%=47.42%

B 产品直接人工成本比率 =95 000 ÷ 291 000 × 100%=32.65%

B 产品制造费用成本比率 =58 000 ÷ 291 000 × 100%=19.93%

C 产品直接材料成本比率 =115 200 ÷ 226 000 × 100%=50.97%

C 产品直接人工成本比率 =76 000 ÷ 226 000 × 100%=33.63%

C 产品制造费用成本比率 =34 800 ÷ 226 000 × 100%=15.40%

还可分别计算总的材料、人工、制造费用成本比率（具体计算过程略），从计算过程和结果就可以明显看出成本项目的差异，根据这些差异分析企业的生产加工各环节是否有不正常的现象。如人工费用的增加有几种可能。

（1）实际的人工费用上涨。这是客观原因，不在企业成本控制范围之内。

（2）可能是因为企业的管理不当，造成了人员浪费的现象。

（3）可能是材料、机器等原因导致加工过程出现了返工等现象，也是人工费用上涨的因素。需要在数据的基础上根据企业实际情况进行深入确认并及时做出管理上的调整。

总之一项指标的增减不是由单一因素引起的，需要多方面考虑才能够使成本核算和控制达到最优状态。

3. 相关指标比率分析法

相关指标比率分析法是计算两个性质不同而又相关指标的比率进行数量分析的方法。在实际工作中，由于企业规模不同等，单纯地对比产值、销售收入或利润等绝对数多少，不能说明各个企业经济效益的好坏，如果计算成本与产值、销售收入或利润相比的相对数，即产值成本率、销售收入成本率或成本利润率，就可以反映各企业经济效益的好坏。产值成本率、销售收入成本率和成本利润率的计算公式如下：

产值成本率 = 成本 ÷ 产值 ×100%

销售收入成本率 = 成本 ÷ 销售收入 ×100%

成本利润率 = 利润 ÷ 成本 ×100%

从上述计算公式可以看出，产值成本率和销售收入成本率高的企业经济效益差，根据收入、成本、费用、利润之间的关系可知，利润 = 收入 – 成本 – 费用，成本是利润的主要决定因素，成本高则利润的空间就低。因此这两种比率低的企业经济效益好。而成本利润率则与之相反，因为成本利润率是指利润与成本的比，利润越高则比率结果就越高，因此成本利润率高的企业经济效益好，成本利润率低的企业经济效益差。

【例 4.4】甲公司 2×20 年 3 月产值成本率为 65%，销售收入成本率为 78%，而同行业先进水平的产值成本率为 62%，销售收入成本率为 71% 。

（1）甲公司与行业先进水平的成本利润率各是多少？

根据已知条件和公式：成本 ÷ 产值 =65% ，成本 ÷ 收入 =78%

设收入 100 则成本 78 利润 22

可知甲公司的成本利润率 =22 ÷ 78=28.21%

行业先进水平的成本利润率 =29 ÷ 71=40.85%

（2）简要分析公司的经营情况如何？

由计算结果可知，甲公司经营效益较行业先进水平还差一些。对于企业而言，意味着在生产经营管理中有很多需要提升和改进的空间。

4.2.2 按产品种类反映的产品生产成本表的分析

按产品种类反映的生产成本表的分析，一般可以从以下两个方面进行，一是本期实际成本与计划成本的对比分析；二是本期实际成本与上年实际成本的对比分析。

1. 本期实际成本与计划成本的对比分析

根据生产全部产品和各种主要产品的本月实际总成本和本年累计实际总成本，分别与其本月计划总成本和本年累计计划总成本进行比较，确定全部产品和各种主要产品实际成本与计划成本的差异，了解成本计划的执行结果。分析具体形成差异的原因，在生产管理中扬长避短，改进管理方案，提高管理效率。

【例 4.5】2 × 20 年 12 月易达公司生产成本汇总情况表数据如表 4–4 所示。

表 4–4 2 × 20 年度生产总成本汇总表 金额单位：元

产品 / 项目	直接材料	直接人工	制造费用	本月生产成本			本年计划单价成本累计	上年实际单价成本累计	本年实际单位成本累计
				计划单价	实际单价	完工数量			
A	120 000	100 000	66 500	290	286.5	1 000	290 000	295 000	286 500
B	150 000	90 000	64 000	350	369.83	822	287 700	280 000	304 000
C	160 000	80 000	60 000	420	400	750	315 000	320 000	300 000
D	170 000	70 000	50 000	440	436.09	665	292 600	290 000	290 000

由表中数据可得本期产品成本实际与计划的差异明细情况。

A 产品实际成本与计划成本的差异 =286 500–290 000=–3 500（元）

B 产品实际成本与计划成本的差异 =304 000–287 700=16 300（元）

C 产品实际成本与计划成本的差异 =300 000–315 000=–15 000（元）

D 产品实际成本与计划成本的差异 =290 000–292 600=–2 600（元）

A 产品本年实际成本与上年实际成本的差异 =286 500–295 000=–8 500（元）

B 产品本年实际成本与上年实际成本的差异 =304 000−280 000=24 000（元）

C 产品本年实际成本与上年实际成本的差异 =300 000−320 000=−20 000（元）

D 产品本年实际成本与上年实际成本的差异 =290 000−290 000=0（元）

计算结果可知本期 A、C、D 产品的成本控制流程比较理想，比计划成本均实现了降低。B 产品的实际成本大幅超支于计划成本，除有管理程序问题，还有可能存在材料、人工等因素的价格上涨导致的问题，具体降低或增加的因素还有待于进一步分析，是否因为人工、材料、费用或其他软件、设备等更新带来的降低。以帮助企业更好地完善和跟踪生产管理。

2. 本期实际成本与上年实际成本的对比分析

对于可比产品，企业根据经营管理的需要还可以就成本进行对比分析，分析可比产品成本本期对比上年的升降情况。如果企业规定有可比产品成本降低计划，即成本的计划降低率或降低额，还应进行可比产品成本降低计划执行结果的分析。但是，应注意可比产品与不可比产品划分是否正确。

（1）可比产品成本升降情况分析。

可比产品成本升降情况的分析，可以按产品品种进行，也可以按全部可比产品进行。可比产品成本的降低计划一般按全部可比产品综合规定，因而可比产品成本降低计划执行结果的分析一般按全部可比产品综合进行。

根据产品生产成本表中所列全部可比产品和各种可比产品的本月实际总成本和本年累计实际总成本，分别与其本月按上月实际平均单位成本计算的总成本和本年按上年实际平均单位成本计算的累计总成本进行比较，确定全部可比产品和各种可比产品本期实际成本与上年实际成本的差异，了解成本升降的情况。

（2）可比产品成本降低计划执行结果的分析。

可比产品成本的计划降低额是根据各种产品的计划产量确定的，实际降低额是根据实际产量计算的。在产品品种比重和产品单位成本不变的情况下，产量增减会使成本降低额发生同比例的增减，但由于按上年实际平均单位成本计算的本年累计总成本也发生了同比例的增减，因而不会使成本降低率发生变动（成本降低率计算分式的分子和分母发生同比例变动，其结果不变）。产品单位成本的变动，则会影响成本降低额和降低率同时发生变动。产品单位成本降低使成本降低额和降低率增加；反之，则会减少。此外，由于各种产品的成本降低程度不同，因而产品品种比重的变动，也会影响成本降低额和降低率同时发生变动。成本降低程度大的产品比重增加会使成本降低额和降低率增加；反之则会减少。因此，影响可比产品成本降低率变动的因素有两个，即产品品种比重变动和产品单位成本变动；影响可比产品成本降低额变动的因素有三个，即产品产量变动、产品品种比重变动和产品单位成本变动。

3. 产品单位成本分析

主要产品单位成本表是反映企业在报告期内生产的各种主要产品单位成本构成情况的报表。该表应当按照主要产品分别编制，是按产品种类反映的产品生产成本表中某些主要产品成本的进一步反映。

主要产品单位成本表的分析应当选择成本超支或节约较多的产品有重点地进行，以便有效地降低产品的单位成本。进行分析时，企业可以根据表中本期实际的生产成本（即本期实际的单位成本合计数）与其他各种生产成本进行对比，对产品单位成本进行一般分析；然后按其成本项目（包括直接材料成本、直接人工成本、制造费用等）进行具体的分析。分析的方法主要采用对比分析法和趋势分析法。

（1）一般分析。

【例 4.6】现以表 4–5 中所列 N 产品的单位成本表为例，说明一般分析的方法。该产品的本年累计实际平均成本和本月实际成本不仅均高于本年计划成本，而且还高于上年实际平均成本和历史先进水平，可见成本超支的情况是比较严重的。

表 4–5　主要产品单位成本表

易达公司　　产品销售单价：8 400 元
产品规格：***　　本月实际产量：4 台
计量单位：台　　本年累计实际产量：50 台　　金额单位：元

成本项目	历史先进水平	上年实际平均	本年计划	本月实际	本年累计实际平均
直接材料成本	3 355	3 365	3 350	3 400	3 350
直接人工成本	1 450	1 450	1 500	1 480	1 505
制造费用	1 895	1 895	1 900	1 960	1 940
生产成本合计	6 700	6 710	6 750	6 840	6 795
主要技术经济指标	用 量				
材料 A	210	205	200	170	175
材料 B	213	210	207	200	170
材料 C	…	…	…	…	…

从上年实际平均成本高于历史先进水平可以看出，该产品的实际成本不是逐年降低，而可能是逐年提高的。从本年计划成本高于上年实际平均成本可以看出，在制订本年度的成本计划时就已预见到成本不断提高的趋势。此外，从本月（12 月份）实际成本高于本年累计实际平均成本还可以看出，即使是在本年度内，其成本也可能是逐月提高的。因此，确定该产品作为重点进行单位成本分析是完全正确的。

【例 4.7】如表 4–5 所示，下面通过最近 3 年的单位成本资料，对 N 产品的成本进行趋势分析。其 3 年来的实际平均单位成本分别为：2 × 18 年（假定为历史先进年）6 700 元，2 × 19 年 6 710 元，2 × 20 年 6 795 元，现以 2 × 18 年为基期，6 700 元为基数，规定为 1，即 100%，计算其他各年与之相比的比率如下。

2 × 19 年与基期比率 =6 710 ÷ 6 700 × 100%=100.15%

2 × 20 年与基期比率 =6 795 ÷ 6 700 × 100%=101.42%

同时还可以做环比比率如下。

2 × 19 年与基期环比比率 =6 710 ÷ 6 700 × 100%=100.15%

2 × 20 年与基期环比比率 =6 795 ÷ 6 710 × 100%=101.27%

通过以上分析计算可以看出，N 产品的单位成本，如果以 2 × 18 年为基期，以后 2 年均高于 2 × 18 年，只是提高的程度各不相同，2 × 20 年提高得最多；如果以上一年为基期逐年进行环比，2 × 20 年比 2 × 19 年提高得相对较多。由此可见，这种产品成本的变动趋势是逐年递增，企业也应该根据自身的实际情况，进一步查明这些变动的具体原因，是由于物价上涨而引起材料成本增加还是生产管理等因素，企业还应当按照成本项目进行成本分析帮助查找由于成本管控方面的成本递增原因。

（2）各主要项目分析。

①直接材料成本的分析。

直接材料实际成本与计划成本之间的差额构成了直接材料成本差异。形成该差异的基本原因：一是用量偏离标准（量差）；二是价格偏离标准（价差）。前者按计划价格计算，称为数量差异；后者按实际用量计算，称为价格差异。

材料价格变动的影响 = 实际数量 ×（实际价格 – 计划价格）

材料消耗量变动的影响 =（实际数量 – 计划数量）× 计划价格

【例 4.8】假定 S 产品 2 × 20 年计划数与实际发生直接材料费用对比差异列

示如表 4–6 所示。

表 4–6　直接材料成本计划与实际对比表

项　目	单位产品材料消耗（kg）	材料单价（元）	直接材料成本（元）	公式列解
本月计划	200	80	16 000	200 × 80
本月实际	180	85	15 300	180 × 85
成本差异	−20	5	−700	实际减计划

从上述 S 产品直接材料计划和实际成本对比表可以看出，该产品成本中的直接材料成本本月实际比本年计划节约 20 元。单位产品材料是材料消耗数量与材料价格的乘积，其影响因素主要在于材料消耗数量差异（量差）和材料成本差异（价差）两个方面。

运用差额计算分析法计算这两个方面因素变动对直接材料成本超支的影响如下：

材料消耗数量变动的影响 =（180–200）× 80=–1 600（元）

材料价格变动的影响 =180 ×（85–80）=900（元）

两因素影响程度合计 =–1 600+900=–700（元）

通过以上计算可以看出，S 产品的直接材料成本差异由于材料消耗量节约使材料成本降低 1 600 元；由于材料价格的提高则使材料成本超支 900 元。两者相抵，净节约 700 元。由此可见，S 产品材料消耗的节约掩盖了绝大部分材料价格提高所引起的材料成本超支。材料消耗节约只要不是偷工减料的结果，一般都是生产车间改革生产工艺、加强成本管理的成绩。材料价格的提高，则要看是由于市场价格上涨等客观原因引起的，还是由于材料采购人员不得力，致使材料买价偏高或材料运杂费增加的结果。

②直接人工成本的分析。

直接人工实际成本与计划成本之间的差额构成了直接人工成本差异。形成该差异的基本原因：一是量差，指实际工时偏离计划工时，其差额按计划每小时工资成本计算确定的金额，称为单位产品所耗工时变动的影响；二是价差，指实际每小时工资成本偏离计划每小时工资成本，其差额按实际工时计算确定的金额，称为每小时工资成本变动的影响。

单位产品所耗工时变动的影响 =（实际工时 – 计划工时）× 计划每小时工

资成本

每小时工资成本变动的影响 = 实际工时 ×（实际每小时工资成本 – 计划每小时工资成本）

【例 4.9】易达公司 2×20 年 2 月机加 1 车间 W 产品直接人工成本计划与实际对比表信息如表 4–7 所示。

表 4–7　直接人工成本计划与实际对比表

项　目	单位产品工耗（分钟）	工耗定额（元 / 小时）	直接人工成本（元）	公式列解
本月计划	3 600	80	4 800	3 600 ÷ 60 × 80
本月实际	3 000	85	4 250	3 000 ÷ 60 × 85
成本差异	-600	5	-550	实际减计划

由表可知 W 产品的直接人工成本本月实际比计划数降低 550 元。其中：

单位产品工耗量差 =（3 000–3 600）÷ 60 × 80=–800（元）

工耗定额价差 =（85–80）× 3 000 ÷ 60=250（元）

两因素影响程度合计 =–800+250=–550（元）

对于这种差异的影响因素要具体确认还需要进一步的分析：单位产品工耗时间的节约是否会影响到产品的性能、质量等；而实际工耗的增加是否属于产品性能改进、工序完善等因素导致。若两项均没有相关的具体合理性部门负责意见体现，则此报表的真实性还需要进一步调查确认，以确保真正地实现成本管控的合理化。

单位产品所耗工时的节约，一般是生产工人提高了劳动的熟练程度，从而提高生产效率的结果；但也有可能是由于偷工减料造成的。应结合节约工时以后是否影响了产品质量、性能等因素全方面考核，使成本工耗降低的同时保证产品质量。

每小时工资成本是生产工资总额除以生产工时总额计算求得。工资总额控制得好，生产工资总额减少，会使每小时工资成本节约，因此对生产工资总额变动的分析是否细致全面也对成本管控很有帮助。

在工时总额固定的情况下，非生产工时控制得好，减少非生产工时，增加生产工时总额会使每小时工资成本节约。因此，要查明每小时工资成本变动的具体原因，还应对生产工时的利用情况进行调查研究，才能够更真实具体地确认工时成本数据。

③制造费用的分析。

制造费用属于间接生产成本，产品成本中的制造费用一般是根据生产工时等分配标准计入的。因此，产品单位成本中制造费用的分析，通常与计时工资制度下直接人工成本的分析相类似，先要分析单位产品所耗工时变动和每小时制造费用变动两因素对制造费用变动的影响，然后查明单位产品所耗工时变动和生产工时利用好坏的具体原因，只需要联系前述按成本项目反映的产品成本表中制造费用总额变动的分析，并结合制造费用明细表中各成本项目具体变动的分析，就可以了解产品单位成本中制造费用变动的原因。制造费用明细表的格式如表 4-8 所示。

表 4-8　易达公司 2×20 年 3 月制造费用明细表

金额单位：元

成本项目	本年计划数	上年同期实际数	比较差异	本月实际数	本年累计实际数
机物料消耗	153 000	155 000	-2 000	12 400	34 720
职工薪酬	663 210	670 000	-6 790	53 600	150 080
折旧费	133 000	115 200	17 800	9 216	25 804.8
办公费	58 421	74 000	-15 579	5 920	16 576
水电费	69 855	66 000	3 855	5 280	14 784
其 他	33 587	35 000	-1 413	2 800	7 840
合 计	1 111 073	1 115 200	-4 127	89 216	249 804.8

4.3 费用报表编制与分析

制造费用是企业生产成本的重要组成部分，也是成本分析的重要内容，编制相关的费用报表就有了意义。通过报表各期间数据增减变化，找到差异，分析原因，从而达到控制不合理支出的目的。报表编制时可根据企业实际需要进行列项。通常列示比较的期间有分析期实际数，分析期预算数，分析期前一期实际数，分析期前一期预算数，年度实际累计数，年度预算累计数等。通过所需相关列项和汇总比较可得到出相关的具体分析差异，最终实现提高生产管理和成本控制的目的。

（1）本年计划数应根据本年制造费用计划填列。

（2）上年同期实际数应根据上年同期的本月实际数填列。

（3）本月实际数应根据“制造费用”总账科目，所属各个基本生产车间制造费用明细账的本月合计数汇总计算填列。

（4）本年累计实际数应根据这些制造费用明细账本月末的累计数汇总计算填列。也可以根据需要依据制造费用的分月计划，在表中加列本月计划数。

对制造费用的分析，主要可以采用对比分析法和构成比率分析法。企业的生产管理模式不同，侧重对制造费用的分析点也有所不同，选择方法根据情况而定。

在采用对比分析法进行分析时，通常是同比法，即先将本月实际数与上年同期实际数进行对比，得出本月与上月同期实际数之间的增减变化。如集团性质和规模企业表中列有本月计划数时，则应先进行这两者的对比，分析和考核制造费用月份计划的执行结果。在对比本年累计实际数与本年计划数时，如果不是年末12月份的报表数据，差异反映的就是年度内计划执行的情况，由此向管理部门提出信息跟进完善管理。

需要说明的是，各项制造费用的性质和用途不同，评价各项目成本超支或节约时应联系成本的性质和用途具体分析，不能简单地将一切超支都看成是不合理的、不利的，也不能简单地将一切节约都看成是合理的、有利的。例如，职工薪酬的节约，可能缺少必要的劳动保护措施，影响安全生产。又如，机物料消耗的超支也可能是由于追加了生产计划，增加了开工班次，相应增加了机物料消耗的结果。这样的超支也是合理的，不是成本管理的责任。此外，在分项目进行制造费用分析时，还应特别注意“停工损失”项目的分析，其发生额是生产管理不良的结果。

在采用构成比率法进行制造费用分析时，可以计算某项成本占制造费用合计数的构成比率，也可将制造费用分为与机器设备使用有关的成本（例如机器设备的折旧费、机物料消耗等，如果动力成本不专设成本项目，还应包括动力成本）、与机器设备使用无关的成本（例如车间管理人员职工薪酬、办公费等），以及非生产性损失三类，分别计算其占制造费用合计数的构成比率。可以将这些构成比率与企业或车间的生产、技术的特点联系起来，分析其构成是否合理；也可以将本月实际和本年累计实际的构成比率，与本年计划的构成比率和上年同期实际的构成比率进行对比，揭示其差异和与上年同期的增减变化，分析其差异和增减变化是否合理。

【例 4.10】易达公司制造费用各项目明细占比如表 4–9 所示。

表 4–9　制造费用各项目明细占比　　金额单位：元

项　目	金　额	占　比	本年计划	上年同期
水电费	15 913.04	2.10%	16 500	16 830
办公费	1 433.27	0.19%	1 800	1 836
修理费	3 141.03	0.42%	4 000	4 080
物料消耗	272 246.39	36.06%	250 000	255 000
业务招待费	1 730	0.23%	5 000	5 100
住房公积金	26 840.30	3.56%	25 000	25 500
社会保险费	86 002.52	11.39%	85 000	86 700
间接人工工资	347 638.11	46.05%	320 000	326 400
合计	754 944.66	100%	707 300	721 446

由表中数据可得出本年计划与本月实际金额的差异，本月实际与上年同期的差异（具体计算过程略），可以分析得出构成变化情况是否合理，找到不合理问题产生的原因，改进并提高。

1. 按成本项目反映的产品生产成本表的分析

按成本项目反映的产品生产成本表的分析主要是构成产品生产成本的各项目数据之间的变化比较，利用对比分析成本项目的差异结果较计划和历史优还是劣，找到差异的原因，进一步调整和修正生产管理环节中存在的问题，为企业服务，如表 4–10 所示。

表 4–10　制造费用月度分析表　　单位：万元

№	项目	预算金额（万元）					2×19 年 12 月		2×20 年 11 月	
		预算金额	实际金额	实际比预算增长率	实际同比增长率	实际环比增长率	预算金额	实际金额	预算金额	实际金额
1	工资	22	25	13.64%	66.67%	93.80%	14	15	10.5	13
2	福利	7.5	8.3	10.67%	66.00%	97.62%	4	5	3.2	4
3	固定资产折旧	10	10.5	5.00%	118.75%	133.33%	4	4.8	3	5
4	修理费用	15	10	–33.33%	47.06%	71.00%	5.5	6.8	4.5	6
5	运费	8	11	37.50%	22.22%	42.12%	7	9	6.3	8
6	加工费	3	1.5	–50.00%	50.00%	74.42%	1	1	0.5	1
7	邮电费	1	1.2	20.00%	50.00%	74.42%	0.5	0.8	0.6	1
8	办公费用	1	2	100.00%	33.33%	55.04%	1	1.5	1	1
9	工会经费	0.8	1	25.00%	100.00%	132.56%	0.5	0.5	0.3	0

续上表

№	项目	预算金额（万元）					2×19 年 12 月		2×20 年 11 月	
		预算金额	实际金额	实际比预算增长率	实际同比增长率	实际环比增长率	预算金额	实际金额	预算金额	实际金额
10	社会保险费	5	7	40.00%	75.00%	103.49%	3.5	4	2.5	3
11	业务招待费	20	31	55.00%	34.78%	56.72%	20	23	16	20
12	劳动保护费	2	2.2	10.00%	22.22%	42.12%	1.5	1.8	1	2
13	职工教育经费	3.5	4	14.29%	14.29%	32.89%	3	3.5	2.5	3
14	小车费用	2	2.2	10.00%	10.00%	27.91%	1.2	2	1.5	2
15	差旅费	50	65	30.00%	41.30%	64.31%	42	46	33	40
1. 期内销售费用预算金额、实际金额同填表单位“年度 KPI 目标责任考核表”里的各项指标										
2. “同比”是指本月数据与上年同月份的数据比较值，同比增长率 =（本月数 − 上年同月数）÷ 上年同月数 ×100%										
3. “环比”是指本月数据与上个月的数据比较值，环比增长率 =（本月数 − 上月数）÷ 上月数 ×100%										

2. 按产品品种反映的产品生产成本表的分析

表 4–11　生产成本核算表　　金额单位：元

名称 / 成本项目	数 量	直接材料	直接人工	制造费用	生产成本	单 价
A 产品	350	376 435.08	106 752.28	31 705.25	514 892.61	1 471.12
B 产品	300	461 376.41	191 481.74	27 175.93	680 034.08	2 266.78
C 产品	330	815 770.54	245 519.69	29 893.52	1 091 183.75	3 306.62
D 产品	500	610 894.59	243 813.11	45 293.21	900 000.91	1 800.00
E 产品	120	774 786.22	21 175.18	10 870.37	806 831.76	6 723.60
F 产品	220	581 089.66	23 381.38	19 929.01	624 400.06	2 838.18
合计	1 820	3 620 352.50	832 123.38	164 867.28	4 617 343.16	—

如表 4–11 所示，按品种反映的成本核算表中还可以添加（料、工、费）各项与成本的所占比列进行比较，看是否与标准产品的占比相符合。

3. 本期实际成本与计划成本的对比分析

通过实际成本与计划成本的对比分析可以得出实际比计划的差异额，进而可以分析得出差异的原因是单价或材料用量所导致的。

4. 本期实际成本与上年实际成本的对比分析

可比产品成本计划降低额 = Σ［计划产品 ×（上年实际单位成本 – 本年计划单位成本）］

可比产品成本计划降低率 = 可比产品成本计划降低额 ÷ Σ（计划产量 × 上年实际单位成本）× 100%

可比产品成本实际降低额 = Σ［实际产品 ×（上年实际单位成本 – 本年实际单位成本）］

可比产品成本实际降低率 = 可比产品成本实际降低额 ÷ Σ（实际产量 × 上年实际单位成本）× 100%

【例 4.11】易达公司可比产品成本情况表信息列示如表 4–12 所示。

表 4–12　可比产品成本情况表　　金额单位：元

产品	计划产量	实际产量	上年实际单位成本	本年计划单位成本	本年实际单位成本
W 产品	1 000	1 100	10	9.5	9.8
X 产品	1 200	1 250	12	11	10.8
Y 产品	1 100	1 050	11	10.5	10.5
Z 产品	1 150	1 200	11.5	10.5	11

根据公式计算结果如表 4–13 所示。

表 4–13　可比产品成本情况计算分析表　　金额单位：元

产品	计划产量	实际产量	上年实际单位成本	本年计划单位成本	本年实际单位成本	可比产品成本计划降低额	可比产品成本计划降低率	可比产品成本实际降低额	可比产品成本实际降低率
W 产品	1 000	1 100	10	9.5	9.8	500	5.00%	220	2.00%
X 产品	1 200	1 250	12	11	10.8	1 200	8.33%	1 500	10.00%
Y 产品	1 100	1 050	11	10.5	10.5	550	4.55%	525	4.55%
Z 产品	1 150	1 200	11.5	10.5	11	1 150	8.70%	600	4.35%

4.4 涉及成本报表的财务报表分析举例

如表 4–14 所示，可见第一项收入、减掉第二栏的营业成本、第三栏的主营业务税金及附加，结果为第二项主营业务利润。此处的营业成本是工业生产加工企业中的当期销售产品结转的成本，数据来源于销售出库单据汇总表。主营业务成本 = 商品出库数量 × 销售单价。很多企业的销售定价都是建立在成本核算的基础上。扣除下面的销售费用、管理费用、财务费用等各项支出外，为企业留出一定比例的合理生存空间价格，即利润。由此可知，成本核算的准确与否直接关系企业生存的市场规划，商品销售价格定位，供、销的链条信息计划等诸多重要因素。

表 4–14　利润表

会企 02 表

编制单位：北京易达防火门窗有限公司　　2×20 年 3 月　　单位：元

项　目	行数	本月数	本年累计数
一、主营业务收入	1	9 382 500.63	17 014 741.94
减：主营业务成本	4	7 971 168.64	14 186 769.54
主营业务税金及附加	5	56 778.12	56 778.12
二、主营业务利润（亏损以“–”号填列）	10	1 354 553.87	2 771 194.28
加：其他业务利润（亏损以“–”号填列）	11		
减：销售费用	14	525 271.92	1 911 867.63
管理费用	15	1 470 088.83	5 307 082.56
财务费用	16	–2 200.62	2 589.08
三、营业利润（亏损以“–”号填列）	18	–638 606.26	–4 450 344.99
加：投资收益（损失以“–”号填列）	19		
补贴收入	22	224 455.67	440 289.00
营业外收入	23		40 127.08
减：营业外支出	25	36 330.87	36 330.87
资产减值损失	26	988 017.04	988 017.04
四、利润总额（亏损总额以“–”号填列）	27	–1 438 498.50	–4 994 276.82
减：所得税	28	–44 995.60	–44 995.60
五、净利润（净亏损以“–”号填列）	30	–1 393 502.90	–4 949 281.22

如表 4–15 所示，在资产负债表中看不到生产成本栏，但它属于企业的资产，会在未来形成销售时给企业带来利润，因此生产成本实际上含在资产负债表的存货项目下。存货中还包括未加工完成的自制半成品、制造费用等与成本有关的项目。财务报表分析中有很多项都会根据企业的经营管理需要展开做详细分析，存货项目就是其中之一。

表 4–15　资产负债表

会企 01 表

编制单位：北京易达防火门窗有限公司　　　　2×20 年 3 月 31 日　　　　单位：元

资产	行次	年初数	期末数	资产	行次	年初数	期末数
流动资产				固定资产			
货币资金	1	3 965 259.30	1 747 406.48	固定资产原价	39	15 163 324.11	14 999 642.89
短期投资	2			减：累计折价	40	7 501 483.69	7 274 528.04
应收票据	3	270 000	951 084.52	固定资产净值	41	7 661 840.42	7 725 114.85
应收利息	4			减：资产减值准备	42		
应收账款	5	74 683 193.37	81 424 063.17	固定资产净额	43	7 661 840.42	7 725 114.85
其中：坏账准备	6	6 857 931.14	7 842 570.64	工程物资	44		
其他应收款	7	9 296 896.16	10 188 123.24	在建工程	45		
其中：坏账准备	8	212 103.59	215 481.13	固定资产清理	46		
预付账款	9	1 405 354.92	1 138 014.49	固定资产合计	50	7 661 840.42	7 725 114.85
应收补贴款	10			无形及其他资产			
存货	11	21 069 948.35	16 254 689.70	无形资产	51	323 284.19	365 654.98
待摊费用	12	–		长期待摊费用	52	765 673.34	714 436.82
其他流动资产	24	611 166.99	217 515.20	递延所得税资产	53	2 015 166.06	2 060 161.66
流动资产合计	31	111 301 819.59	111 920 896.80	无形、其他资产合计	60	3 104 123.59	3 140 253.46
长期投资				递延税项			
长期股权投资	32	30 000 000	30 000 000	递延税款借项	61		
长期债权投资	34			资产总计	67	152 067 783.60	152 786 265.11
长期投资合计	38						

续上表

负债和所有者权益（或股东权益）	行次	年初数	期末数	负债和所有者权益（或股东权益）	行次	年初数	期末数
流动负债				应付债券	102		
短期借款	68			长期应付款	103		
应付票据	69			专项应付款	106		
应付账款	70	33	4 490 134.09	其他长期负债	108		
预收账款	71	4 536 723.45	4 519 556.57	长期负债合计	110		
应付工资	72	2 549 398.95	43 374.16	递延税项			
应付福利费	73			递延税款贷项	111		
应付股利	74			负债合计	114	119 116 974.17	124 526 173.98
应交税费	75	103 918.89	153 358.07	所有者权益			
其他应付款	80			应收资本（或股本）	115	51 000 000	51 000 000
预提费用	81	78 075 486.81	84 921 675.09	减：已归还投资	116		
预计负债	82			实收资本净额	117	51 000 000	51 000 000
预计负债	83	462 774.11	398 076	资本公积	118		
一年内到期的长期负债	86			盈余公积	119	727 507.21	986 070.13
其他流动负债	90			其中：专项储备	120	–	258 562.92
流动负债合计	100	119 116 974.17	124 526 173.98	未分配利润	121	−18 776 697.78	−23 725 979
长期负债				所有者权益合计	122	32 950 809.43	28 260 091.13
长期借款	101			负债和所有者权益总计	135	152 067 783.60	152 786 265.11

本章小结

1. 生产成本报表的编制思路

编制生产成本报表有两种方法，简单说就是料、工、费三项内容，但料、工、费又可以展开细分。一种方法是以料、工、费等成本项目编制的，要体现这三项数据的构成情况。另一种方法是按产品品种法进行编制，着重体现产品的种类成本构成情况。具体的方法过程略。企业在选择相关报表方式时都着重在需要改善和提高的环节，很多项目的增减不尽相同，报表的格式也不一样，但都应以服务企业为宗旨。

2. 费用报表的编制意义

费用报表是以企业产品成本和经营管理费用核算的账簿为依据，定期编制，反映企业一定时期内产品成本和经营管理费用水平，以及构成情况的数字形式的书面报告。成本和费用是企业管理水平的综合反映，企业在生产过程中各个环节的组织、衔接是否平衡，财产物资是否充分利用，各项管理是否到位，都会在企业的成本费用水平中体现出来。因此，成本费用报表的分析是会计报表分析的重要组成部分。目前，我国有些企业成本管理基础工作比较薄弱，各项费用计划不完整，定额老化，甚至人为估计成本，导致利润虚假。因此成本费用报表可以帮助经营管理者在阅读和分析成本费用报表时，根据表中列示数据紧密结合企业成本费用管理的现状，重点注意以下方面的问题。

（1）了解企业成本费用计划的执行情况；分析成本费用的计划或定额是否符合现实核算的要求。

（2）分析成本费用计划完成或未完成的原因，找出主要影响因素，总结成本费用管理中取得的成绩，进一步强化成本费用管理，不断提高管理水平。

（3）分析有关指标，寻求进一步降低成本费用的有效途径和措施，合理地确定责任成本中心和控制指标，挖掘潜力，不断提高经济效益。

（4）分析成本费用的发展趋势，为进行生产经营决策、制订成本费用计划、确定目标利润提供依据。

（5）了解企业在成本费用管理中存在哪些问题，是否进行虚假的成本费用核算，是否存在计算虚假利润的违法行为。应该强调的是，成本费用报表不是对外报送或公布的报表，它是企业的内部报表，为企业内部的经营管理者服务。因此，成本费用报表的种类、格式、报表项目和编制方法，都由企业自定，财政部没有统一规定。

费用报表的编制意义在于为企业经营发展和管理做参考依据。根据基期数据（或预算期数据）与实际发生期数据比较可以看出，在费用中实际发生与基期（预算）数据的差异原因，从而为提高生产效率，减少浪费，完善企业管理提供准确的数字依据。

第5章

成本核算方法实务综合应用

5.1 常用成本核算综合实务举例

成本核算在实务中因行业特点和产品的不同，会选择相应的核算方法。通常一种核算方法确定后，不得随意变更，以免影响会计数据的连续性。例如，一家中药生产企业，在成本核算中由原来的定额消耗法改为定额成本法，从一味中药的材料定额消耗法改为价值的定额，就意味着由量的控制改为价格的控制，则一定会影响到产品的质量和数据的连续性。如果生产加工的程序和方法发生了本质的变化，就应该考虑原有的成本核算方法是否适合，如果不能适用新产品的成本核算，就需要考虑调整。如一家具生产企业加工的小学生课桌，因为木材资源的短缺，现改为塑钢材料生产。这样的组成及加工程序都与原来有很多不同，成本的核算方法也会随之改变。通过对成本核算方法的系统学习，下面就通过实务举例说明一下具体的应用。

5.1.1 实务工作第一步（认清形式）

1. **核对材料及库存商品的期初数**（总账与明细账是否相符）

也就是在成本核算的开始，要对企业账目的存货进行账账核对。原材料的总账与明细账核对，检查是否一致。如有不同，要查明原因及时进行调整处理，以保证账账相符。

2. **盘点核实各明细账与实物是否相符**（可根据情况抽盘）

进行实物的抽盘确认是否与账载情况一致，就是确认账实相符的过程。在管理工作严谨的企业，每一道程序都有相应的负责人签字确认。财务的账载金额与仓库管理部门的数量金额必须一致并有确认人。在健全的企业管理中，材料品种多，管理就要更细致，为了不影响生产的进行通常对月末材料进行盘点。

3. 了解产品的工艺构成，确定生产成本核算方法的应用

了解产品的生产加工流程和工艺，可参照成本核算方法，这是保证产品成本核算完整的前提。只有对产品的生产过程清晰明了，才能够认识到成本核算的各个环节是否有材料的短缺与溢余。如加工 100 支铅笔标准成本构成需要 100 克木材料，20 克铅材料，印彩 0.2 克。当木料、铅料的材料单传来却不见印彩料单时，这样核算出来的铅笔就不够完整。特别是在精密仪器和高端复杂的机械设备生产中，需要的辅助材料配件多达几百种，少核算一种都会影响到企业整体的成本真实性。

4. 熟悉产品生产计划流程，确认各部门相关生产记录单的责任人

熟悉产品生产计划流程，确认各部门相关生产负责人，对于各环节的票据数据一致性、准确性很关键。在核算、检查环节中发现的问题可以及时沟通确认并修正。如机械配件生产企业财务，在核算中发现一批配件的成本只有直接材料，人工费用记录单中打磨项为空，经过与生产管理部门联系，为记录员疏忽导致数据未正常列示。及时进行确认完成了补记工作，确保成本核算工作真实完整。

5. 确定单据的传递程序，确保成本核算原始单据的全面、准确、及时

与熟悉产品生产加工流程相同，对单据的传递程序了解过程中可以先保证每一项原始单据的真实、准确、及时转到财务部门。同时也清楚原始单据记载实物的相关责任人，便于在工作中的配合沟通。

6. 建立健全原始记录（材料出入库单、加工领料单、退料单、生产记录单、工时记录单等）

新成立的企业会存在很多生产环节中的单据不齐全，记录不准确。财务部门需要根据确定的成本核算方法，将所需的相关数据信息，设置合理规范的格式进行下发，从材料的采购入库单、加工领用的出库单、辅助材料的领料单、生产多余退回的退料单，到生产过程中的进度记录单、直接人工费用的工时、计件等记录单据等。单据是产品成形的过程，单据齐全是保证成本核算的必要条件。生产工作日事日毕，记录工作也要保持同步。

5.1.2 实务工作第二步（照章办事）

在实务工作中，完成了“认清形式”的步骤以后，已经对企业有了一定认识和了解，接下来就要进入第二阶段的“照章办事”环节，即根据企业的生产实际情况与财务成本核算的方法进行“对号入座”，照章办事。遵从企业的管理规范和加工流程，从票据的传递、审核、签字、入账处处遵循财务的规章制度和企业管理要求。成本核算方法随企业的生产情况一经确定后不得随意变更，这也是保证企业成本核算数据信息的连续性、可比性等原则的前提。

【例 5.1】易达公司为化工泵制造企业，材料核算采用实际成本法，公司销售生产模式主要为订单式生产加工，加工生产的各种规格型材半成品也作为商品对外直接销售。制造费用的分摊采用生产工时比例法核算，产品成本采用分批法核算，加工生产中的废品不单独核算。

2×20 年 3 月成本相关业务汇总表，如表 5-1 所示。

表 5-1　2×20 年 3 月存货入出库情况　　金额单位：元

类　别	上月结存	本月入	单据	本月出	单据	本月结余
原材料	4 579 804.91	4 469 212.53	43	4 869 225.06	36	4 179 792.38
辅助材料	75 449	229 836.50	41	111 438.50	52	193 847.00
委外加工材料	0	835 753.53	12	55 013.22	4	780 740.31
自制半成品	3 825 213.26	412 514.25	7	225 148.55	2	4 012 578.96
在产品材料	8 183 111.27	4 905 993.79	1	5 724 143.32	3	7 364 961.74
产成品	1 363 220.07	7 560 482.39	2	6 943 398.97	2	1 980 303.49
存货合计	18 026 798.51	18 413 792.99	—	17 928 367.62	—	18 512 223.88

1. 采购入库

仓库部门传来采购入库单据共计 83 张。原材料采购入库单 43 张，分别为从正华公司采购入库生产用基本原材料（A、B、C 等 16 种）计 2 674 340.75 元、永胜公司购入原材料（A、D、E 等 22 种）计 1 794 871.79 元。采购总金额 4 469 212.54 元，全部开具增值税进项专用发票并验收入库。辅助材料购进成瑞制品公司加工用辅助材料（钢管、垫圈、螺帽、螺钉等标准件），共计 12 笔，金额总计 110 000 元，零星现金采购辅助物料 119 836.5 元，取得相应的发票，验收入库。

业务处理：客户入库单如表 5-2 所示。

表 5-2　外购入库单

供应商：　大连正华机械有限公司

源单类型：采购订单　　　　日期：　2×20-03-03　　金额单位：元

序号	物料编码	名称	规格	单位	实收数量	单价	金额	收料仓库
1	2.75.00554	A	***	件	180	319.32	57 477.60	原材料库
2	2.75.01001	B	***	件	200	228.85	45 770.00	原材料库
3	2.75.01003	C	***	件	135	445.73	60 173.55	原材料库
	小计				515		163 421.15	

保管：王丽　　部门：生产管理部　　验收：孙晓东　　业务员：张军

编制会计分录。（其他入库单略）

借：原材料——基本生产材料（A）　　57 477.60

　　　　　　基本生产材料（B）　　45 770.00

　　　　　　基本生产材料（C）　　60 173.55

　　应交税费——应交增值税（进项税额）　　21 244.75

　贷：应付账款——正华公司　　184 665.90

辅助材料采购：依取得发票及辅助材料库管负责审签入库单付款。分录如下。

借：原材料——辅助生产材料　　119 836.50

　　应交税费——应交增值税（进项税额）　　15 578.75

　贷：现金　　135 415.25

2. 领料出库

机加 1 车间领用原材料共 36 笔，总金额 4 869 225.06。仅以出库单为例，如表 5-3 所示。

表 5-3　领料单

领料部门：机加 1　　领料用途：生产用

源单类型：　　日期：2×20-4-16　　金额单位：元

序号	物料代码	物料名称	规格	单位	实发数量	单价	金额	发料仓库
1	2.75.005 54	A	***	件	223	458.55	102 256.65	原材料库
2	2.75.010 01	B	***	件	264	245.3	64 759.20	原材料库
3	2.75.010 03	C	***	件	280	319.32	89 409.60	原材料库
4	2.75.005 56	D	***	件	250	228.85	57 212.50	原材料库

续上表

序号	物料代码	物料名称	规格	单位	实发数量	单价	金额	发料仓库
5	2.75.010 02	E	***	件	200	192.53	38 506	原材料库
6	2.75.010 07	F	***	件	210	263.41	55 316.1	原材料库
7	2.75.005 44	G	***	件	260	347.01	90 222.6	原材料库
8	2.75.010 43	H	***	件	220	445.73	98 060.60	原材料库
9	2.75.016 33	I	***	件	200	82.8	16 560	原材料库
10	2.75.002 34	J	***	件	240	458.55	110 052	原材料库
11	2.75.002 34	K	***	件	255	619.66	158 013.3	原材料库
	小计						880 368.55	

审核：刘丽　　领料：张天翔　　发料：王国红　　制单：王国红

业务处理分录。

借：生产成本——基本生产成本（明细科目略）　　880 368.55
　贷：原材料——基本生产材料——A 材料　　102 256.65
　　原材料——基本生产材料——B 材料　　64 759.20
　　原材料——基本生产材料——C 材料　　89 409.60
　　原材料——基本生产材料——D 材料　　57 212.50
　　原材料——基本生产材料——E 材料　　38 506.00
　　原材料——基本生产材料——F 材料　　55 316.10
　　原材料——基本生产材料——G 材料　　90 222.60
　　原材料——基本生产材料——H 材料　　98 060.60
　　原材料——基本生产材料——I 材料　　16 560.00
　　原材料——基本生产材料——J 材料　　110 052.00
　　原材料——基本生产材料——K 材料　　158 013.30

3. 本月生产用固定资产折旧明细

如表 5-4 所示，生产相关的固定资产均不能直接计入产品的生产成本。

表 5-4　易达公司 2×20 年 3 月生产用固定资产折旧明细表　　金额单位：元

类　别	期初原值	本期折旧	本年提折旧	累计折旧	期末净值
办公家具	8 551.29	135.39	337.83	661.93	7 889.36
车床	2 819 735	18 004.5	54 013.5	986 742.74	1 832 992.26
打印机、复印机	74 003.86	1 148.38	3 445.14	14 866.82	59 137.04

续上表

类 别	期初原值	本期折旧	本年提折旧	累计折旧	期末净值
电脑	863 554	12 973.19	38 626.6	218 986.62	644 567.38
空调	18 288.82	293.88	881.64	3 014.9	15 273.92
空压机、液压机	29 059.83	204.6	613.8	8 169.6	20 890.23
模具	1 815 619	47 916.42	126 679.6	364 045.28	1 451 573.72
磨床	176 581.2	1 042.66	3 127.98	56 937.53	119 643.67
其他管理设备	923 770.1	14 345.16	43 035.48	362 285.24	561 484.86
生产用电子设备	666 374	10 553.25	31 659.75	219 646.98	446 727.02
生产用其他设备	1 885 035	13 638.43	40 915.29	546 568.05	1 338 469.5
食堂福利设备	29 649	469.5	1 408.5	6 525.2	23 123.80
运输工具	2 453 889	29 615.19	88 845.57	1 216 443.52	1 237 445.48
钻床	334 786.3	1 435.33	4 305.99	206 614.03	128 172.27
合计	12 098 896.40	151 775.88	437 896.67	4 211 508.44	7 887 387.96

对于能够分出属于某种产品的机械设备等固定资产的折旧费用在处理时可直接计入“生产成本”科目，本题做了说明不能直接归属某一产品成本，因此将费用计入“制造费用”科目中，在月末统一按合适的方法分配到产品的生产成本中去。业务处理如下。

（1）计提折旧费用时：

借：制造费用——折旧费　　151 775.88

　贷：累计折旧——生产设备　　93 089.07

　　　累计折旧——办公设备　　58 686.81

（2）摊入产品生产成本时：

借：生产成本——基本生产成本　　151 775.88

　贷：制造费用—— 折旧费　　151 775.88

4. 本月仓库传来委托加工物资发出单据

如表 5-5 所示，生产计划单已于本月 5 日下发。受托方成达机械制造有限公司相关部门已经确认签收。

表 5-5　委托加工材料汇总表　　金额单位：元

会计期间	1 级物料类别	2 级物料类别	数 量	单 价	金 额
2×20	半成品毛坯	TV 系列	6	598.29	3 589.74

续上表

会计期间	1 级物料类别	2 级物料类别	数 量	单 价	金 额
2×20	半成品毛坯	小流量单级泵	2	229.28	458.56
2×20	半成品毛坯	轴承部件	16	542.18	8 674.88
2×20	半成品毛坯小计			486.78	12 723.18
2×20	标准原料	板材	512	38.46	19 691.52
2×20	标准原料	棒材	9.79	65.10	637.33
2×20	标准原料小计			40.48	20 328.85
2×20	合计			64.05	33 052.03

业务处理分录。

借：委托加工物资——成达机械公司　　33 052.03

　贷：原材料——标准原料——板材　　19 691.52

　　原材料——标准原料——棒材　　637.33

　　自制半成品 ——半成品毛坯——TV　　3 589.74

　　自制半成品 ——半成品毛坯——小流量单级泵　　458.56

　　自制半成品 ——半成品毛坯——轴承部件　　8 674.88

本月收到委托成达机械制造有限公司加工物资入库汇总，如表 5-6 所示。

表 5-6　委托加工入库汇总表　　金额单位：元

材料名称	规格型号	单位	实收数量	单位成本	金额	收料仓库	验收
法兰	HG20615	件	5	646.01	3 230.05	外协仓	李雪
法兰	HG20615_S	件	10	297.96	2 979.6	外协仓	李雪
叶轮口环	HE25-2315G	件	12	114.68	1 376.16	外协仓	李雪
体盖口环	HE25-2315G	件	18	119.16	2 144.88	外协仓	李雪
螺塞	NB21.4-85	件	1	29.93	29.93	外协仓	李雪
泵体	MA60-50*11S	件	12	9 579.49	114 953.88	外协仓	李雪
泵盖	MA60-50*11S	件	10	51 610.26	516 102.6	外协仓	李雪
轴	HC250-500	件	10	859.26	8 592.6	外协仓	李雪
罩	HAZ25-120	件	6	1 756.61	10 539.66	外协仓	李雪
合计			84		659 949.36		

业务处理分录。

借：原材料——基本材料——HG20615 法兰　　3 230.05

原材料——基本材料——HG20615-S 法兰　2 979.60
原材料——基本材料——HE25-2315 口环　1 376.16
原材料——基本材料——HE25-2315 口环　2 144.88
原材料——辅助材料——NB21.4-85 螺塞　29.93
原材料——基本材料——MA60-50*11S 泵体　114 953.88
原材料——基本材料——MA60-50*11S 泵盖　516 102.60
原材料——基本材料——HC250-500 轴　8 592.60
原材料——基本材料——HAZ25-120 罩　10 539.66
应交税费——应交增值税（进项税额）　112 191.42
贷：委托加工物资　772 140.78

5. 自制物料的核算

机加车间转来自制半成品明细，如表 5-7 所示。

表 5-7 自制物料直接材料成本明细表

物料名称	规格型号	材质	数量（件）	单重（kg）	单价（元/kg）	金额（元）
泵体	***	ZG230	20	825	7.78	128 370.00
叶轮	***	ZG230	50	256	12.22	156 416.00
环	***	40Cr	33	5	9.33	1 539.45.00
环	***	3Cr13	50	5	6.72	1 680.00
泵盖	***	ZG230	100	150	7.78	116 700.00
轴	***	42CrMo	30	30	3.67	3 303.00
螺母	***	45	200	0.5	5.56	556.00
底座	***	Q235-A	20	500	4.22	42 200.00
罩	***	AL	30	2.5	15	1 125.00
合计			533			451 889.45

产品全部验收合格入自制半成品库。

业务处理分录。

借：自制半成品——泵体　128 370.00
自制半成品——叶轮　156 416.00
自制半成品——环　3 219.45
自制半成品——泵盖　116 700.00

自制半成品——轴　　3 303.00
自制半成品——螺母　　556.00
自制半成品——底座　　42 200.00
自制半成品——罩　　1 125.00
贷：生产成本——直接材料（明细略）　　451 889.45

6. 水电等费用发生明细汇总

如表 5-8 所示，其中现金支付办公费、业务招待费及修理费用合计 6 304.30 元，支票付水电费 15 913.04 元，银行电汇付款物料消耗金额合计 272 246.39 元。

表 5-8　制造费用本期发生额明细表　　金额单位：元

水电费	15 913.04
办公费	1 433.27
修理费	3 141.03
物料消耗	272 246.39
业务招待费	1 730.00
住房公积金	26 840.30
社会保险费	86 002.52
间接人工工资	47 638.11
合计	454 944.66

业务处理分录。

借：制造费用　　454 944.66
贷：应付职工薪酬——工资　　47 638.11
应付职工薪酬——保险　　86 002.52
应付职工薪酬——住房公积金　　26 840.30
现金　　6 304.30
银行存款　　288 159.43

7. 直接人工费用的分配情况

直接人工费用明细如表 5-9 所示。（公司为订单式生产，因此生产成本核算也与生产加工期保持一致。核算工时单位：分钟 / 件，人工费用：元 / 件，工价单位：元 / 时）

表 5-9 直接人工费用分配明细表

金额单位：元

序号	名称	数量（件）	直接人工核算	工时核算	工艺名称	工时核算	准备工时核算	加工工时核算	工价核算
1	HA80-220G 整机组装	1.00	14.80	40.00	装轴承	40.00	30.00	10.00	22.20
2		1.00	29.60	80.00	穿架子	80.00	45.00	35.00	22.20
3		1.00	70.30	185.00	装泵头	185.00	20.00	165.00	22.80
4		1.00	24.70	65.00	整机号孔	65.00	30.00	35.00	22.80
5		1.00	28.50	75.00	钻底座	75.00	10.00	65.00	22.80
6		1.00	20.90	55.00	整机找正	55.00	10.00	45.00	22.80
7		1.00	38.76	102.00	叶轮切割	102.00	30.00	72.00	22.80
8		1.00	62.70	165.00	走管路	165.00	45.00	120.00	22.80
9		1.00	25.92	72.00	做气密	72.00	10.00	62.00	21.60
10		1.00	45.90	135.00	基体处理	135.00	10.00	125.00	20.40
11	合计	10.00	362.08	974.00					

业务处理分录。

借：生产成本——基本生产成本——HA80 产品　　362.08

　贷：应付职工薪酬 ——装配车间　　362.08

8. 半成品与产成品的成本分摊，月末半成品按完工百分比法计算

机加 1 车间本月入库产成品明细，如表 5-10 所示中顺序分别为 22 台、13 台、5 台、4 台，5 台，6 套，6 套、5 套、6 套、3 套。月末在产品均按完工 50% 计算分摊成本费用。机加 1 车间待分摊制造费用共计 33 000 元。

表 5-10 在产品盘点报告单

仓 库	名 称	规格型号	单 位	账载数量	实盘数量	完工程度 50%
在产品	整机	HSP40-4	台	4	4	2
在产品	整机	HZ450_B05	台	2	2	1
在产品	整机	HZ450_B	台	2	2	1
在产品	整机	M120-80	台	3	3	1.5
在产品	整机	HC250-500	台	5	5	2.5
在产品	备件	140114B011	套	10	10	5
在产品	备件	140219B037	套	20	20	10
在产品	备件	140228B050	套	15	15	7.5
在产品	备件	140227B049	套	18	18	9
在产品	备件	140121B014	套	12	12	6

业务处理如下。

（1）在产品按完工产品数量计算结果如表 5-11 所示。

表 5-11　在产品按完工产品数量计算表　　　金额单位：元

名 称	规格型号	单 位	数量	单价	金额
整机	HSP40-4	台	22+2=24	1 100	26 400
整机	HZ450_B05	台	13+1=14	1 000	14 000
整机	HZ450_B	台	5+1=6	700	4 200
整机	M120-80	台	4+1.5=5.5	650	3 575
整机	HC250-500	台	5+2.5=7.5	350	2 625
备件	140114B011	套	6+5=11	50	550
备件	140219B037	套	6+10=16	20	320
备件	140228B050	套	5+7.5=12.5	40	500
备件	140227B049	套	6+9=15	50	750
备件	140121B014	套	3+6=9	100	900

（2）在产成品与在产品之间分摊本月本车间制造费用。

分摊率 =33 000 ÷（26 400+14 000+4 200+3 575+2 625+550+320+500+750+900）× 100% ≈ 61.32%

各产品应分摊的制造费用如表 5-12 所示。

表 5-12　产品制造费用分摊表　　　金额单位：元

名 称	规格型号	单 位	数量	分摊费用	金额
整机	HSP40-4	台	22+2=24	16 187.16	26 400
整机	HZ450_B05	台	13+1=14	8 584.12	14 000
整机	HZ450_B	台	5+1=6	2 575.27	4 200
整机	M120-80	台	4+1.5=5.5	2 197.01	3 575
整机	HC250-500	台	5+2.5=7.5	1 679.52	2 625
备件	140114B011	套	6+5=11	337.23	550
备件	140219B037	套	6+10=16	196.21	320
备件	140228B050	套	5+7.5=12.5	306.58	500
备件	140227B049	套	6+9=15	459.86	750
备件	140121B014	套	3+6=9	551.84	900

（3）编制会计分录。

借：生产成本　　33 000

　贷：制造费用　　33 000

9. 本月制造费用明细分配情况

如表 5–13 所示，计算分摊本月制造费用。

表 5–13　制造费用分配明细表

金额单位：元

名称	规格型号	单位	产成品数量	金额	分配金额	在产品完工数量	金额	分配金额
整机	HSP40–4	台	22	3 504 096.20	331 004.40	2	159 277.10	15 045.65
整机	HZ450_B05	台	13	1 139 812.70	107 669.14	1	43 838.95	4 141.12
整机	HZ450_B	台	5	439 726.00	41 537.46	1	43 972.60	4 153.75
整机	M120–80	台	4	514 838.00	48 632.70	1.5	96 532.13	9 118.63
整机	HC250–500G	台	5	240 533.50	22 721.31	2.5	60 133.38	5 680.33
备件	140228B050	套	6	9 857.40	931.15	5	4 107.25	387.98
备件	140227B049	套	6	9 212.40	870.22	10	7 677.00	725.19
备件	140121B014	套	5	15 953.50	1 507.00	7.5	11 965.13	1 130.25
备件	140122B016	套	6	50 897.40	4 807.88	9	38 173.05	3 605.91
备件	140126B022	套	3	16 146.60	1 525.24	6	16 146.60	1 525.24
合计			75	5 941 073.70		45.5	481 823.19	
制造费用分配合计					561 206.50			45 514.05

会计处理：

借：生产成本——产成品　　561 206.50

　　生产成本——在成品　　45 514.05

　贷：制造费用　　606 720.55

10. 本月产成品入库情况

整机及备件明细如表 5–14 所示。

表 5–14　产品入库汇总表

金额单位：元

名称	规格型号	单位	数量	单价	金额	收货仓库	保管
整机	HSP40–4	台	22	159 277.10	3 504 096.20	成品库	王文成
整机	HZ450_B05	台	13	87 677.90	1 139 812.70	成品库	王文成
整机	HZ450_B	台	5	87 945.20	439 7260.00	成品库	王文成

续上表

名称	规格型号	单位	数量	单价	金额	收货仓库	保管
整机	M120-80	台	4	128 709.50	514 838.00	成品库	王文成
整机	HC250-500G	台	5	48 106.70	240 533.50	成品库	王文成
备件	140228B050	套	6	1 642.90	9 857.40	成品库	王文成
备件	140227B049	套	6	1 535.40	9 212.40	成品库	王文成
备件	140121B014	套	5	3 190.70	15 953.50	成品库	王文成
备件	140122B016	套	6	8 482.90	50 897.40	成品库	王文成
备件	140126B022	套	3	5 382.20	16 146.60	成品库	王文成
合计			75		5 941 073.70		

会计业务处理如下。

借：产成品（明细略）　　5 941 073.70

　贷：生产成本　　5 941 073.70

11. 销售出库结转销售成本

本月销售出库情况如表 5-15 所示，销售总价格为 8 887 550.68 元。

表 5-15　产成品销售出库汇总表

金额单位：元

出库期间	1 级名称	2 级名称	数量	单位成本	销售成本
2 × 20.3	产成品	HSP 系列	4	238 915.58	955 662.32
2 × 20.3	产成品	HZ 系列	4	203 675.39	814 701.56
2 × 20.3	产成品	H 系列 2.5MPa	86	23 073.60	1 984 329.60
2 × 20.3	产成品	H 系列 5.0MPa	14	148 287.56	2 076 025.84
2 × 20.3	产成品	H 系列 密封泵	10	43 224.80	432 248.00
2 × 20.3	产成品	M 系列	2	193 064.29	386 128.58
2 × 20.3	产成品	备件	25	11 772.12	294 303.00
	小计		145		6 943 398.90

会计业务处理如下。

在销售实现挂账应收或收到银行存款。

借：应收账款（银行存款）　　10 042 932.27

　贷：主营业务收入——整机　　8 311 370.03

　　　主营业务收入——备件　　576 180.65

　　　应交税费——应交增值税（销项税额）　　1 155 381.59

收入实现结转销售成本。

借：主营业务成本　　6 943 398.90

　贷：库存产品（明细略）　　6 943 398.90

5.1.3 实务工作第三步（检查核对）

月末核算完成后，要对存货的各项明细出入库情况进行检查核对，确认是否存在不相符的信息，做到账账、账证、账实相符。

1. 总账数据本月出入库金额与明细账的汇总出入库是相符的

如表 5-16 所示，各类别项目的月初结存、本月入库、出库汇总金额都要与相应的明细账载总金额相符。本月原材料入库单据 43 份，合计金额 4 469 212.53 元，出库单据 36 份，合计金额 4 869 225.06 元，根据材料核算公式可知：上月结存金额 + 本月入库金额 - 本月出库金额 = 本月结余。这是总账的列示情况，我们要保证原材料明细账中各环节的金额汇总后与总账是相符的，辅助材料、产成品等其他项目都是一样的。

表 5-16　2×20 年 3 月存货入出库情况

金额单位：元

类 别	上月结存	本月入	单据	本月出	单据	本月结余
原材料	4 579 804.91	4 469 212.53	43	4 869 225.06	36	4 179 792.38
辅助材料	75 449.00	229 836.50	41	111 438.50	52	193 847.00
委外加工材料	0	835 753.53	12	55 013.22	4	780 740.31
自制半成品	3 825 213.26	412 514.25	7	225 148.55	2	4 012 578.96
在产品材料	8 183 111.27	4 905 993.79	1	5 724 143.32	3	7 364 961.74
产成品	1 363 220.07	7 560 482.39	2	6 943 398.97	2	1 980 303.49
存货合计	18 026 798.51	18 413 792.99	—	17 928 367.62	—	18 512 223.88

2. 账证、账实相符。在核对中，明细账与记账凭证汇总、明细账与实物盘点数相符

对于在核对过程中的不符数据要及时查明原因，调整处理。如表 5-17 所示，在产品盘点中，假设备件 140228B050 实盘数为 14 套，备件 140227B049 实盘数为 19 套，查明原因为记录错误，需要对错误进行制作库存调整单。

表 5-17 在产品盘点报告单

仓 库	名 称	规格型号	单 位	账载数量	实盘数量	完工程度 50%
在产品	整机	HSP40-4	台	4	4	2
在产品	整机	HZ450_B05	台	2	2	1
在产品	整机	HZ450_B	台	2	2	1
在产品	整机	M120-80	台	3	3	1.5
在产品	整机	HC250-500	台	5	5	2.5
在产品	备件	140114B011	套	10	10	5
在产品	备件	140219B037	套	20	20	10
在产品	备件	140228B050	套	15	14	7.5
在产品	备件	140227B049	套	18	19	9
在产品	备件	140121B014	套	12	12	6

电子信息技术发达的今天，很多企业已经采用软件进行成本核算。在月末结账中出现数据错误时软件会有相应的信息提示，相对于手工成本核算在数据找错中简单很多。无论怎样的软件应用都是万变不离其宗，成本核算过程中的各个环节，企业所采用的核算方法、分摊标准、计量的主要单位、材料的计价方法等都需要有清晰的脉络，自然就少不了用到表格和相关的应用软件，因此成本核算是在与数据和表格做游戏，要用轻松的心态从容应对，但必须要在整个核算过程中保持绝对仔细认真的态度，才能够真正成为赢家。

5.2 成本核算实务账务处理

1. 企业适用产品核算方法的最佳选择原则有哪些？

根据企业的生产加工流程和特点、产品工序的步骤、是否核算各步骤在产品成本、在产品确定的方法选择。人工费用、制造费用的分配核算是按定额工时或其他方法才更能符合企业的核算需要。具体的方法适用特点介绍在各章节中都有详细叙述，在选择方法时一定以企业实际情况需要，本着去繁就简的原则确定。企业的成本核算方法一经确定不得随意变更。

2. 成本核算过程中的销售结转找不到对应的进项发票怎么办？

实务中常有这种情况发生。第一种是企业在购进货物的过程中进项发票开具不及时，成本核算完善后要及时确定供应商的发票开具入账。第二种是因为账期或其他特殊情况未能及时开具发票入账的金额，也要根据入库情况做暂估入账处理，待发票开来时再进行成本冲回，做出相应的调整。第三种是因为发票开具错误，这种处理就是退回要求对方重新开具。对于发票的进销对应关系请不要抱有侥幸心理，人无信不立，做为账务处理的操作人员，更应该以负责任的态度，以实事求是的精神对待工作。对企业负责，对国家负责，更是对自己负责。

3. 如何让企业领导重视成本核算?

有很多成本核算人员会觉得企业领导并不在意成本核算，也不重视自己的岗位。其实不然，没有一个企业的领导不重视运营成本，要知道成本是企业利润的杠杆，直接控制利润的高低。如果不重视那只有一个原因，即成本工作没有做好，没有让领导感觉到你和所做的工作应该受到重视。“行有不得，反求诸己”的态度应用在工作中绝对有效，只有自己先发现问题解决掉，才是真正实现自我提升。企业在生产经营过程中，没有绝对完善的管理制度，凡事都在变化中，怎样通过成本核算方法的学习，发现企业成本核算中的不足加以改善和补充，再通过费用报表的各项不同时期数据的对比分析，找到企业运营中真实存在的问题，并切实研究出一套适合的建议方案提供给领导，真正实现成本核算在企业运营中的价值，这也会改变很多人概念中成本核算枯燥乏味的状态，让自己的工作在不断地升级和趣味中展开。想让别人承认你是金子的条件是先要自己发出金子的光彩，想让别人重视自己的岗位和职责先要自己重视并做到。

本章小结

工作与生活是一样的，再多的核算方法都是为了最终的目的——生活服务。方法来源于生活，服务于生活。良好的生活作息习惯需要在平常慢慢积累中形成，在企业成本核算中道理相通，对企业生产加工流程的熟悉也是必要的前提，理论与实践相结合，一种方法应用久了，自然会有很多思路和信息更好地帮助工作进一步开展，熟能生巧。在企业发展中不断地根据企业的需要，选择适合的核算方法，准确提供生产经营有价值的信息为企业服务。

第6章

成本管理与应用

6.1 成本管理的概念及意义

成本管理是企业生产经营过程中对于各项成本的核算、分析、控制、考核等活动的总称。旨在充分组织和调动企业全员参与生产经营过程中各个环节的控制与管理，以达到最小的成本耗用支出换取最大的利润空间回报。成本管理像是企业的一把伞，伞打得好，企业的经营利润空间会更安全更有保障。

成本管理是企业日常经营管理的一项重要工作，人们常说吃不穷穿不穷，算计不到就受穷。可见成本核算和管理对企业生产经营有着重要的意义。根据“收入－成本费用＝利润”的公式可知，企业的销售收入首先必须能够补偿成本费用项目的支出总额，才能够保证企业的生产可以维持下去。也就是说，在一定的产品数量和销售价格的条件下，产品成本水平的高低，不只是影响企业生产运营的重要因素，还是企业发展壮大的必要条件。利润是企业运营的最终目标，利润指标的提高只有两条路可选，一是努力提高收入指标，二是降低成本费用指标。可见做好成本管理对企业运营和发展有着重要意义，降低运营成本，增加企业利润，便能够在市场竞争中占据优势。

如图6-1所示，企业运营成本控制管理的考虑不能简单从“收入－成本＝利润”下手，因为成本的变动会牵动许多生产运营环节中的其他因素变动，如产品的质量、市场定位、销售价格、销售量及内部各环节的管理等诸多因素。根据企业追求的利润目标，找到企业的产品市场定位，确定产品的质量、进行市场定位和客户群选择，最后配合以自身的管理协调配合，才能够为企业利润的实现提供保障。

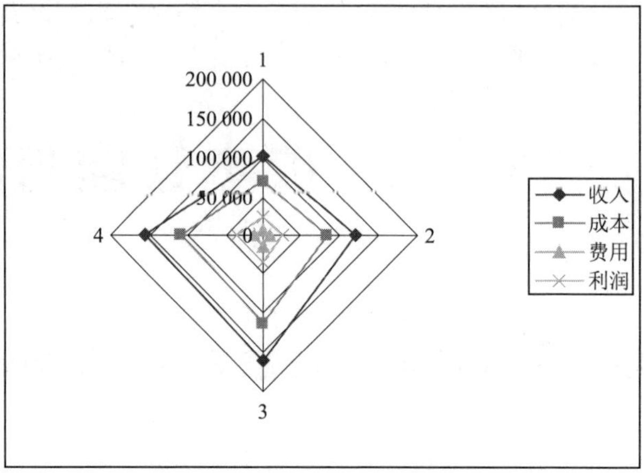

图 6-1 企业运营应考虑的因素

6.2 成本管理的内容和目标

一套完整全面的成本管理具体内容包括成本规划、成本核算、成本控制、成本分析和成本考核，如图 6-2 所示。

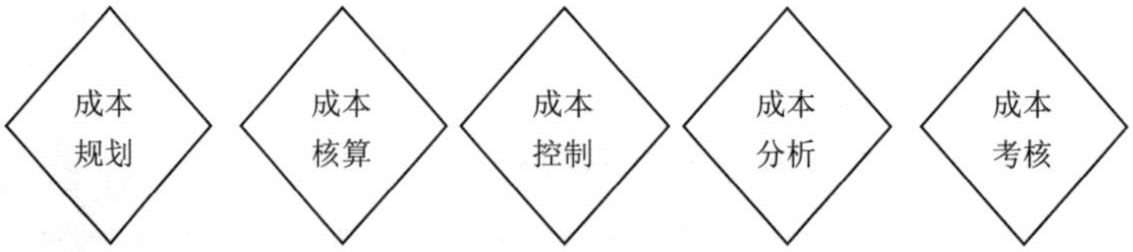

图 6-2 成本管理的具体内容

成本管理的目标主要体现在计算和控制上，一个企业的各项财务数据如果只完成上报税务局，不能够从根本上先服务于企业，便是不合格的财务数据。就像一部摆在柜台上的手机模型，好看不好用。所以学习了各种成本核算的方法后，要做到各种方法在企业成本核算中的良好应用，最终实现为企业服务。当然这里的成本管理范围不再仅指产品的成本核算。

在成本管理概念中，产品只是其中的一个部分。除了生产的各个环节，还有整个企业运营管理过程的各个环节。不要小看地三鲜这道菜，成本核算就是做菜的过程记录，如果是勤俭持家的长辈做菜，一定是点滴都不浪费。如果是大手大脚的年轻人来做，就会丢掉很多材料。如果在粗心大意的情况下买的茄子有一个坏掉了，那么成本就高了；如果在楼下的精品菜市买了洗好的净菜自然与早市的蔬菜成本差距很大；不难看出，企业的成本体现在企业运营的整个过程中，时时刻刻，无处不在。

计算是为了有一个基础的依据，控制方面就是企业根据实际情况设定一个合理的控制目标。通过成本的管控去实现降本节耗，使企业的最终总成本达到或优于目标值。

1. 成本规划的理解就是家庭生活的安排和打算

企业运营过程中的重点在成本管理的策划和预算，这也是成本管理工作的前提，成本规划是企业在运营发展中的重要因素。在实务工作中，这是先于生产运营活动的一项全局性的统筹安排。因此要考虑到涉及成本变动的各项因素条件，如产品质量信息与成本之间的关系，销售定价的合理性对企业和消费者双方的利益是否兼顾，未来市场的发展方向和趋势对企业前景的利弊影响等。只有考虑全面才会在预算规划决策中制定出最完善适合的管理控制方案，为企业在运营发展中做好导向和参考服务工作。

2. 成本核算属于成本管理工作中成本控制和分析的基础建设环节

成本核算主要将企业在生产运营过程中的各个项目和环节按照一定的方法进行数据化呈现。通过对大量的初级原始数据进行审核、整理、算术、汇总、报表等流程，将企业在运营过程中各项成本的真实情况记录下来，反映给成本管理使用者。成本核算有两个内容：一个是财务方面的核算；另一个是管理方面。财务成本核算的方法很多种，前面第三章有详细介绍，此处不再论述。

3. 成本控制也是企业利润的主要方向

市场化竞争和透明度高的当今社会，如何获得更有价值的利润空间是企业重点考虑的问题。除了努力提高销售的业务量，让产品走出企业进入外部环境后做好全面的管理工作之外，回归到企业内部，做好内控成本、费用的开支项目，使之降到最理想的“零”浪费状态，是实现企业利润理想目标的有力保证。

4. 成本分析是借助于现有的前期已经形成的成本核算数据

利用成本核算及其他有关资料，分析成本构成的水平与变动情况，分析影响成本升降的各种因素及其变动原因，借此找到降低成本的途径。成本分析是成本管理的重要组成部分，其作用是正确评价企业成本计划的执行结果，揭示成本升降变动的原因，为编制成本计划和制定经营决策提供重要依据。

5. 关于成本的一系列活动最终目的是为提高实际成本的更加理想化

成本考核是指通过比较的手段，对一期或多期的预算与实际、标准与实际等差异，可以发现成本管理环节上的问题和漏洞，找到产品生产、加工、人员管理、出入库管理等各个环节的可压缩空间，进而为企业未来经营活动提供有效的参考依据，完善管理，提高效益，对生产任务的可行性分析也能够为企业的发展方向和决策服务。

6.3 成本的性态及分类

成本的性态是指成本变动与生产和销售业务量之间的变动关系所表现出来的状态，从数量观察总结成本与业务量之间的变化规律，分析成本性态对企业的经营决策、投资决策、预算编制、业绩考评、成本控制，这些都可以提供有价值的信息。成本与业务量之间的关系是相辅相成的，如果没有业务量，成本分析就失去了真实的意义；业务量的变化如果没有成本的分析，也会使很多管理和控制活动没有明确的数据目标和导向。依照成本性态把成本分为固定成本、变动成本、混合成本三类。

1. 固定成本的概念

固定成本是成本总额在一定的业务量和时期内不随业务量变动而变动，保持相对固定不变的成本。在实际业务中固定成本的表现形式有：厂房的租金、设备及固定资产的折旧费用、行政管理人员的工资费用、广告费用等。通过分析可以得到固定成本的特性，因为总额在一定业务量和时期内不变，就会使单位产品的固定成本和业务量的变化呈现反向状态。

固定成本总额的性态，如图 6-3 所示。

单位固定成本的性态，如图 6-4 所示。

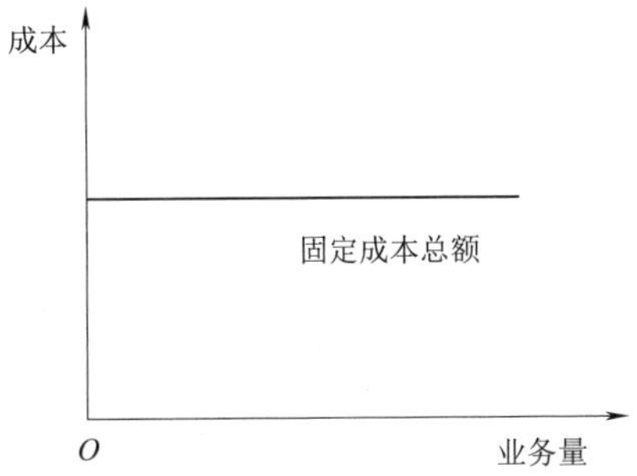

图 6-3　固定成本总额的性态

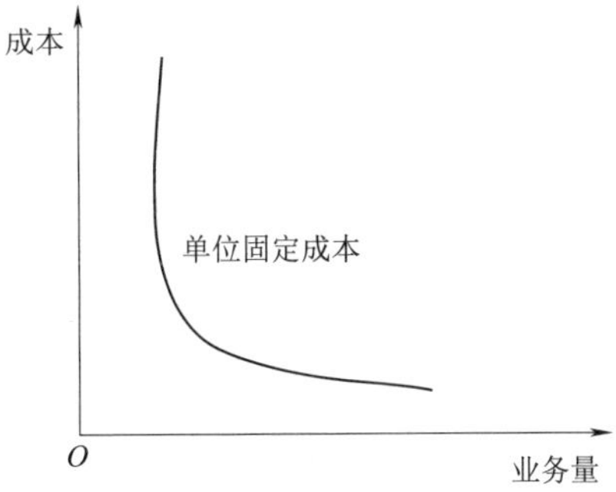

图 6-4　单位固定成本的性态

2. 固定成本管理策略

固定成本的管理在直观上看是没有空间的，但在成本管理细化和精确的要求下，很多方面还是得到了积极的改善。如对于不能够直接减少的固定资产折旧费用，可以在设备维护和使用中注意保养，延长设备的使用寿命，一方面可以增加产能，另一方面也使费用变相减少，从而实现最终的成本降低。

3. 变动成本的概念

与固定成本相反，变动成本是指在一定的业务量范围内，成本总额会随着业务量的增减呈现出正比例变动关系。固定成本是在一定期间将相对不变的总额分配给单位产品中去的部分，变动成本则是单位产品的直接构成成本部分。如直接材料费用、人工费用、包装费用等。则可知，单位产品的变动成本构成是固定不变的，如一只水杯的直接材料玻璃是固定的，规格不变的情况下，它的直接材料不会随生产的业务量的增加而增加，当然也不会随生产量的减少而减少。

4. 变动成本的表现状态

变动成本的性态如图 6-5、图 6-6 所示。

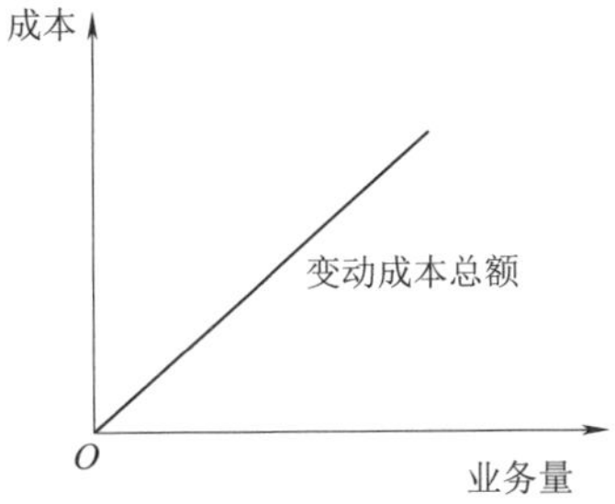

图 6-5　变动成本的性态（1）

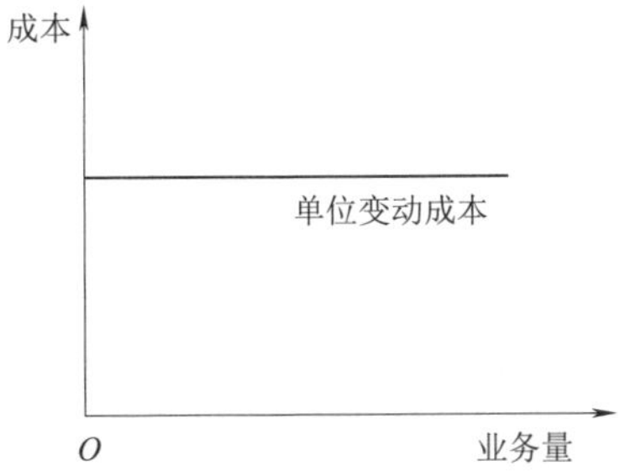

图 6-6 变动成本的性态（2）

5. 变动成本和管理策略

变动成本原材料费用及人工费用对于产品构成是不能够变化的。一只杯子用的玻璃材料是不能够增加或减少的，增加或减少都会改变最初的生产加工规格要求。对于技术方面的成本费用、销售过程中的佣金等费用却可以通过管理策略达到和实现合理的管控。变动成本中的原材料及人工费用的构成管理，可以通过采购谈判、采购量化、账期优惠、绩效计件等条件进行初始取得成本的调控和管理。

6. 混合成本的概念

混合成本实际是大多数成本与业务量之间存在的状态。产品的成本构成很少存在单一的固定成本，也很少存在只有单位变动成本的构成。在整个产品的成本构成中，既有单独构成的直接材料、人工费用等变动成本，又离不开共摊部分的制造费用等固定成本。混合成本的状态就是固定成本和变动成本的混合体，既有随业务量变化而总额不变的固定成本部分，又有单位产品不随业务量变化而正比例变化的变动成本。

7. 混合成本的性态

混合成本的性态如图 6-7 至图 6-10 所示。

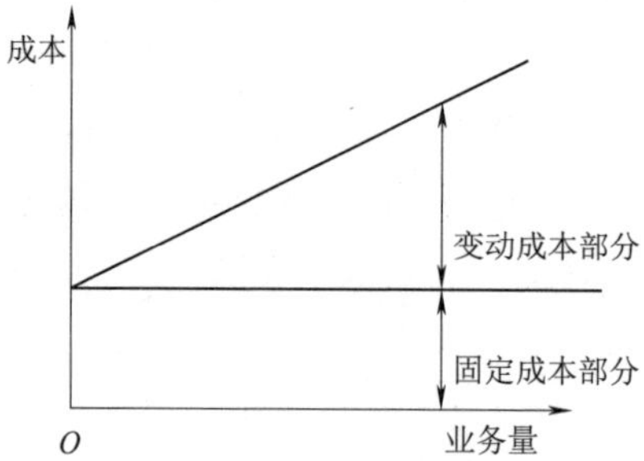

图 6-7　混合成本的性态（1）

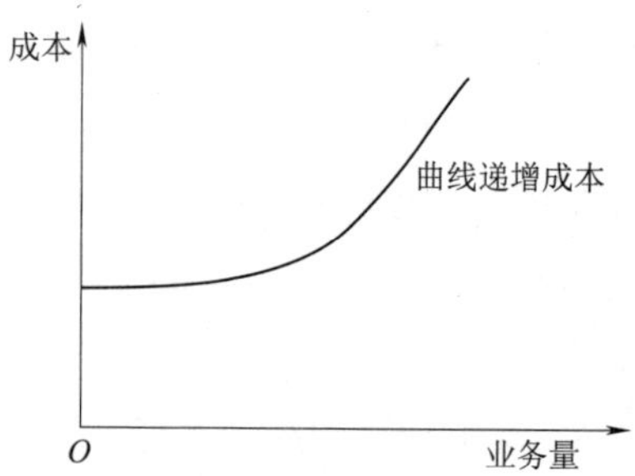

图 6-8　混合成本的性态（2）

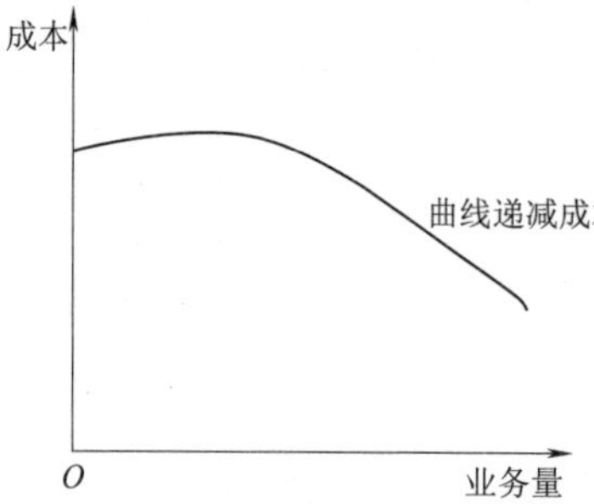

图 6-9　混合成本的性态（3）

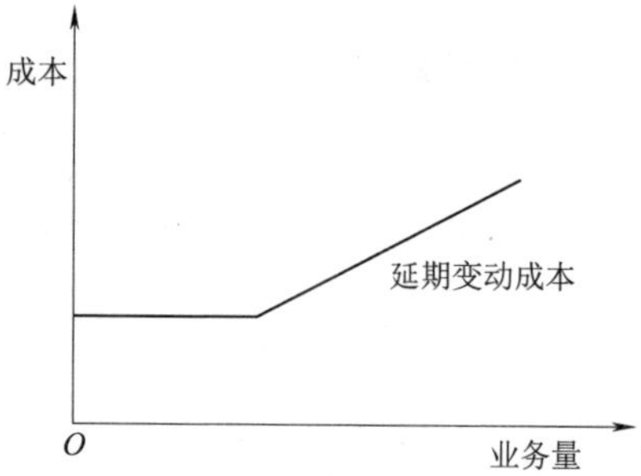

图 6-10　混合成本的性态（4）

8. 混合成本之高低点法的计算

混合成本的计算方法有很多，在此介绍一种简单的高低点法。高低点法是以过去某一会计期间的总成本和业务量资料为依据，从中选取业务量最高点和业务量最低点，将总成本进行分解可以得出成本性态的模型。

公式：单位变动成本 =（最高点业务量成本 – 最低点业务量成本）÷（最高点业务量 – 最低点业务量）

固定成本总额 = 最高点（低点）业务量成本 – 单位变动成本 × 最高点（低点）业务量

总成本的公式模型：

总成本 = 固定成本总额 + 变动成本总额

= 固定成本总额 + 单位变动成本 × 业务量

【例 6.1】ABC 公司的产品销售量与生产成本情况如表 6–1 所示，用高低点法计算 10 月份的销售量为 750 kg 时产品的成本情况。

表 6–1　ABC 公司的产品销售量与生产成本情况

月份	销售量（kg）	生产成本（元）
4 月	500	420
5 月	650	480
6 月	580	460
7 月	600	455
8 月	700	520

【解析】高低点法计算总成本的标准是选择高点或低点的业务量。根据题中高点的 8 月业务量 700 kg 和 4 月 500 kg 的业务量作为计算的依据。由公式可得：

单位变动成本 =（520–420）÷（700–500）=0.5（元）

固定成本总额 =520–0.5 × 700=170（元）

总成本 = 固定成本总额 + 变动成本总额

=170+0.5 × 750=545（元）

6.4 量本利分析与应用

6.4.1 量本利分析

成本管理的内容比较宽泛，成本管理涉及因素有很多。从企业的角度出发，自企业成立之日起成本项目即开始形成。企业的生产经营活动是否能够实现预期目标，成本管理各环节的控制十分必要。

企业量本利关系在生活中的理解：业务量可以理解为工资的存折，本就是生活开销的各项必需支出成本，如衣食住行等方面，利也就是工资收入扣除生活成本开销最后的结余。而对于现阶段比较常见的月光族来说，利属于入不敷出，提前透支了未来的收入，在企业的生产经营中这种情况是很不乐观的。量本利是对企业效益评价的途径和方法。

量本利就是基于“产品销售量 - 销售成本 = 利润”的关系。这个关系式也可以理解为单位产品销售价格、产品生产成本、单位产品利润，其中任何一个因素固定的情况下，另外两个因素相互影响产生的关系。成本固定时，单价与利润是正向变化关系。单价固定时，成本与利润是反向变化关系。当利润为零时的成本与单价之间的关系是相等的，这样就找到了企业的盈亏平衡点。从量本利三者之间的关系可以找到几个概念：一个是保本点也是企业的盈亏平衡点；一个是安全边际利润。通过量本利关系的分析还可以对目标利润分析、利润敏感性分析做出结论，对企业的经营管理、生产决策、售价策略、市场定位、项目经营的可行性分析等提供有效的依据，如图 6-11 所示。

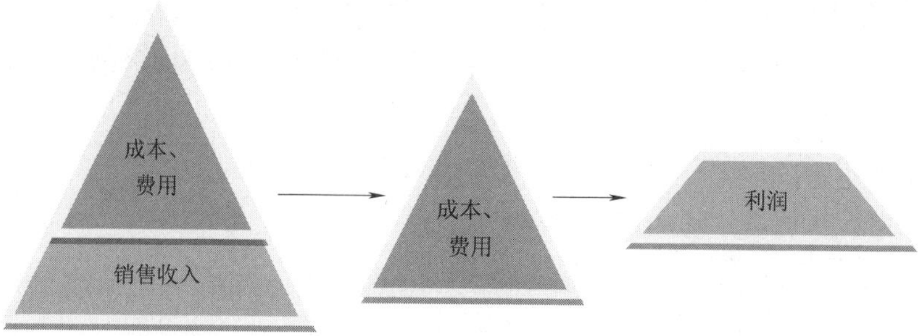

图 6-11　量本利分析

6.4.2 量本利应用

量本利分析概念中会存在几个前提假设条件，一是总成本由固定成本和变动成本两部分组成；二是销售收入与业务量呈完全线性关系，即销售量在一定范围内变化的时候单价是保持不变的；三是产销平衡，这在企业做保本点销售分析时不需要考虑存货；四是产品产销结构稳定。

量本利关系在企业生产管理中的应用频繁，涉及的基本关系公式如下：

销售收入 - 销售成本 = 利润

销售收入 = 销售单价 × 销售量

销售成本 = 变动成本 + 固定成本

变动成本 = 单位变动成本 × 销售量

单价 × 销售量 - 单位变动成本 × 销售量 - 固定成本 = 利润 =

（单价 - 单位变动成本）× 销售量 - 固定成本

在这个公式中，只要知道了其中四个因素，就可以求出未知的另一项因素。

边际贡献 = 销售收入 - 变动成本 =(单价 - 单位变动成本)× 销量

单位边际贡献 = 单价 - 单位变动成本

边际贡献率 = 边际贡献 ÷ 销售收入

变动成本率 = 变动成本 ÷ 销售收入

关系公式：变动成本率 + 边际贡献率 =1

利润 = 边际贡献 - 固定成本 = 销售收入 × 边际贡献率 - 固定成本

【例 6.2】ABC 公司加工生产 M 产品，售价为 100 元 / 件，单位变动成本 30 元 / 件，固定成本总额 400 000 元，2 × 20 年度产销量共计 30 000 件。问该公司单位边际贡献、边际贡献总额、边际贡献率、变动成本率及利润。

【解析】

单位边际贡献 = 单价 - 单位变动成本 =100−30=70（元）

边际贡献总额 = 单位边际贡献 × 年产销量 =70 × 30 000=2 100 000（元）

注：产销量选择计算期的数量，如果是看月边际贡献情况就应该选择某月的销售量或者年均贡献情况。

边际贡献率 = 变动成本 ÷ 销售收入

=（70 × 30 000）÷（100 × 30 000）× 100%=70%

或：边际贡献率 = 边际贡献 ÷ 销售收入

=70 ÷ 100 × 100%=70%

变动成本率 = 单位变动成本 ÷ 销售收入

= 30 ÷ 100 × 100%

= 30%

利润 = 销售收入 × 边际贡献率 – 固定成本

= 3 000 000 × 70%–400 000

= 1 700 000（元）

或：利润 = 边际贡献 – 固定成本

=（单价 – 单位变动成本）× 销售量 – 固定成本

=（100–30）× 30 000–400 000

= 1 700 000（元）

或：利润 = 销售收入 – 销售成本

= 3 000 000–900 000–400 000

= 1 700 000（元）

6.4.3 单一产品量本利分析

根据量本利分析的基本关系式：

利润 = 销售量 × 单价 – 销售量 × 单位变动成本 – 固定成本

当利润 =0 时，可以计算出保本的销售量。

保本销售量 = 固定成本 ÷（单价 – 单位变动成本）

= 固定成本 ÷ 单位边际贡献

保本销售额 = 保本销售量 × 单价

= 固定成本 ÷ 1–（单位变动成本 ÷ 单价）

= 固定成本 ÷ 边际贡献率

【例 6.3】ABC 公司 2×20 年 3 月的产品总销售量 650 kg，销售单价 200 元 /kg，单位变动成本 100 元，总固定成本 70 000 元。问 ABC 公司的盈亏水平情况如何？达到盈亏水平的销售额还需要怎样调整？

【解析】保本销售量就是令“利润 =0”时的销售量，也是“收入 = 成本”时的销售量。根据公式：

保本销售量 = 固定成本 ÷（单价 – 单位变动成本）

= 70 000 ÷（200–100）

= 700（kg）

保本销售额 = 保本销售量 × 销售单价

= 700 × 200

= 140 000（元）

解得保本的销售量为 700 kg，而实际实现销售 650 kg，属于亏损的状态。如果想实现盈利，至少还要销售 50 kg，最低保本销售额还需要销售 10 000 元。

再看量本利基本关系公式：

销售利润 = 销售收入 –（单件变动成本 × 销售数量 + 固定成本总额）

= 产品销售价格 × 销售数量 –（单件变动成本 × 销售数量 + 固定成本总额）

=（产品销售价格 – 单件变动成本）× 销售数量 – 固定成本总额

量本利的关系如图 6–12 所示。

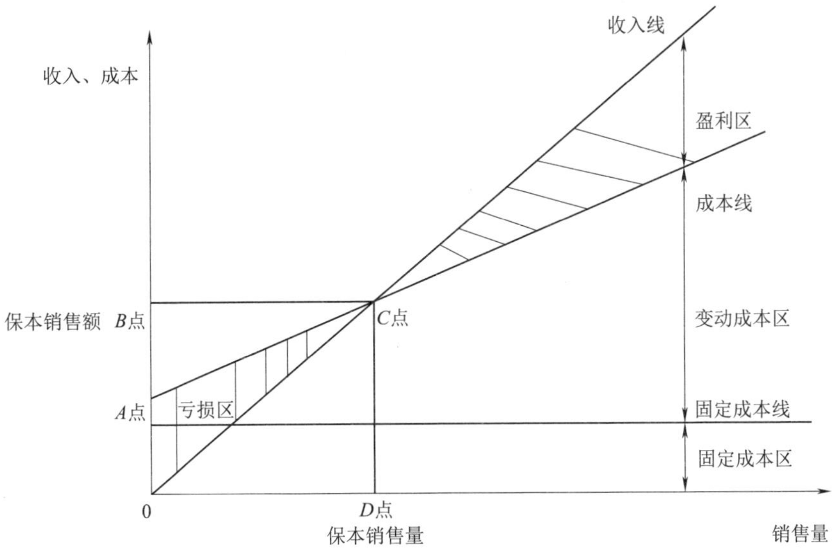

图 6–12　量本利的关系

企业在经营活动中，比较重要的指标数据还有保本业务量、保本点销售额、安全边际量。

6.4.4 保本分析与安全边际分析

保本分析的主要作用是在经营活动发生以前，帮助管理者对分析项的经营活动保本情况、盈亏水平信息有所了解，保本点即收入与成本相等时的经营活动销售量，这一数值越小意味着经营的风险就越小。

安全边际是继保本分析更进一步的关于经营项目的本利关系分析，在其相关概念表达中，安全边际额、安全边际量、安全边际率数值越大，经营活动的利润空间就大，盈利水平就越强，对企业来说实际某一项经营活动的安全性就越高。因此对保本点销售量的相关信息分析在新项目和经营活动实施中有着重要意义。

涉及保本分析与安全边际分析的相关公式如下：

保本点销售量 = 固定成本 ÷（单价 – 单位变动成本）

安全边际量 = 正常销量（实际或预计）– 保本点销售量

保本点销售额 = 固定成本 ÷ 边际贡献率

安全边际额 = 正常销售额（实际或预计）– 保本点销售额

保本作业率 = 保本点销售量 ÷ 预计销售量

= 保本点销售额 ÷ 正常销售额

安全边际率 =（正常销量 – 保本点销售量）÷ 正常销量

=（正常销售额 – 保本点销售额）÷ 正常销售额

从公式不难看出，降低保本点可以降低固定成本总额，可以降低单位变动成本，也可以提高销售单价。企业在经营管理活动中，调整相关的因素变动高低，如销售单价要依据企业的产品价值定位，同时受市场同类产品价格因素条件影响。安全边际量数值的提高途径可以是增加销售业务量或减少保本点销售量。

他们之间的关系如下。

保本点销量 + 安全边际销量 = 正常销量

保本点作业率 + 安全边际率 =1

单位边际贡献 = 单件产品售价 – 单件产品的变动成本

边际贡献率 = 单位产品边际贡献 ÷ 单价

边际贡献总额 = 单位边际贡献 × 销售量

【例 6.4】ABC 公司 2×20 年 3 月的产品总销售量 650 kg，销售单价 200 元/kg，单位变动成本 100 元，总固定成本 70 000 元。公司依据产品和市场情况预计销售量 800 kg，公司的安全边际率是多少？

【解析】保本销售量就是令“利润 =0”时的销售量。也是“收入 = 成本”时的销售量。根据公式则有：

保本销售量 = 固定成本 ÷（单价 - 单位变动成本）

= 70 000 ÷（200-100）

= 700（kg）

保本销售额 = 保本销售量 × 销售单价

=700 × 200

=140 000（元）

安全边际量 =800-700=100（kg）

安全边际率 =100 ÷ 800 × 100%=12.5%

6.5 标准成本的应用与控制分析

1. 标准成本法的应用与控制分析

标准成本法指以预先制定的一个企业合理的成本指标做基础标准，用实际发生的成本与标准指标进行比较，从而得出成本差异的一种产品成本计算方法。

标准成本法也是加强成本控制、评价经济业绩的一种成本控制策略。有了生产、管理等各环节的标准指标，随时可以得出实际成本的控制情况是否超标，对超标的合理性进行分析并及时反馈可以实现各环节对成本的良好控制。

标准成本系统又称标准成本制度或标准成本会计，指以标准成本为核心，通过标准成本的制定、执行、核算、控制、差异分析等一系列有机结合的环节，将成本的核算、控制、考核、分析融为一体，实现成本管理目的的一种成本管理制度。

2. 标准成本应用公式

标准成本的概念在具体应用中根据企业的实际情况进行计算和制定，它是根据产品的标准消耗量和标准单价计算出来的，公式如下：

单位产品标准成本 = 单位产品标准消耗量 × 标准单价

进而根据实际产品产量和单位产品标准成本可以计算出来实际产量下的总标准成本，公式如下：

标准成本 = 实际产量 × 单位产品标准成本。

3. 标准成本法的优点与应用

（1）能够提高企业计划和控制水平。有了标准成本，可以很好地考核计划与实际管理各环节中的执行情况，是否偏离以及偏离的程度等，及时得到纠偏和调整，能够更好地提升管理业绩水平。

（2）便于计算生产成本。有了标准成本的数据信息参照，对于成本核算的步骤和顺序更清晰，也能够随时确认出生产成本的实际情况与标准成本之间的差异，从而分析差异产生的原因。这样不仅可以随时检验实际成本的核算是否正确，还能够为管理做出准确有力的理论依据。

企业通过采用标准成本法，制定标准成本，并将标准成本作为编制弹性预算和成本计划的基础，增强了计划和控制职能，改进了业绩的测量方式，从而达到预先控制成本的目的。企业采用标准成本制度，是强化计划和控制系统的关键手段，预算控制体系通过标准成本计算成本差异，将实际成本与标准成本进行比较，可以找出成本差异，并通过差异分析，为管理者提供更多的信息，研究和判断标准成本和预算的执行情况，以便采取纠正措施进一步改进成本水平。

4. 标准成本的制定与应用分析

在标准成本法中，标准成本的制定是通过三类生产成本项目——直接材料、直接人工和间接费用，按照其数量和价格标准分配到产品中去的，所以单位产品的标准成本就是直接材料、直接人工、制造费用三项标准成本之和。企业在生产经营活动中，通过标准成本的制订，会形成标准成本与实际生产成本的各项指标。因为标准成本是事先预定的一种成本结构，在材料、人工、制造费用几方面都会与实际成本的发生存在一定的差额，也就是成本差异。当这种实际成本超过标准成本时，所形成的差异对企业来说是不利差异，实际成本小于标准成本时，形成的差异就是有利差异。管理者可以根据成本差异发现问题，具体分析差异形成的原因和责任，采取相应的措施，实现对成本的控制。

（1）直接材料成本公式。

单位产品直接材料标准成本 = 单位产品材料用量标准 × 单位材料价格标准

直接材料标准总成本 = 单位产品标准成本 × 总产量

单位产品材料用量标准是根据企业历史生产记录分析和计算得出，靠近理想的材料成本。而单位材料价格标准是需要根据企业与供应链上游的供应商进行洽谈协定来保证，它不是一成不变的。无论什么产品的原材料市场都不再是计划经济时代，市场的变化时时存在，通过签订供销合同或供货协议，也只能阶段性的保持不变。

（2）直接材料成本分析。

还以本书开篇的地三鲜为例，原材料的三项内容标准用量及价格标准如表 6–2 所示。

表 6–2　原材料的标准用量及价格

材料名称	用量标准 (g)	价格标准（元 /500g）	标准成本（元）
茄子	200	2.5	1.00
土豆	300	1.5	0.90
尖椒	100	3	0.60
合计	—	—	2.50

单位产品的直接材料标准成本就是三项材料标准成本之和。比如夏天家里吃了一个月的地三鲜，一个月下来生活成本中的菜钱用了 300 元，而实际按标准用量来计算的菜钱为：2.5 元 / 餐 ×3 餐 / 日 ×30 日 / 月 =225（元）。从结果就可以很显示地看出差异，差异产生的原因不是价格变化造成的，因为处在同期，经查询是将某日家里来客人的招待餐买菜的成本 80 元也计算在内了。由此可知实际成本是产生了有利差异。

（3）直接人工标准成本公式。

直接人工标准成本 = 工时用量标准 × 标准工资率

标准工资率 = 标准工资总额 ÷ 标准工时总额

工时的用量标准也是通过企业的生产加工车间的历史记录分析制订而来。如果地三鲜这道菜需要的工时从最初材料购入后的准备、清洗、制作、成品包装的全过程需要 20 分钟，而妈妈的标准工资是 30 元 / 小时，那家里这道菜的标准人工成本就是 10 元 / 盘。

（4）制造费用标准成本公式。

制造费用标准成本 = 工时用量标准 × 制造费用分配率标准

标准制造费用分配率 = 标准制造费用总额 ÷ 标准总工时

制造费用工时用量标准就是制造费用总的标准用量工时之和。用制造费用总额除以标准总工时就是制造费用按标准总工时分配的情况，即制造费用标准分配率。

成本按照性态分为变动成本和固定成本，变动成本会随着产量的变动而变动；固定成本相对固定，不随产量的变动而变动。因此在制定费用标准时，也需要分别制定变动制造费用和固定制造费用的成本标准，核算时也要分别根据各自的标准进行。

【例 6.5】ABC 公司 8# 线材生产车间制造费用 3 月份总工时标准为 12 000 小时，每千克标准工时耗用为 0.5 小时 /kg，制造费用汇总表中列示标准变动制造费用总额 70 000 元，标准固定制造费用总额 130 000 元。问单位产品变动制造费用标准成本是多少？制造费用的标准成本是多少？

【解析】由标准变动制造费用总额可求得标准变动费用分配率。

标准变动制造费用分配率 =70 000 ÷ 12 000=5.83（元 / 小时）

单位产品变动制造费用标准成本 =5.83 × 0.5=2.92（元）

标准固定制造费用分配率 =130 000 ÷ 12 000=10.83（元 / 小时）

单位产品固定制造费用标准成本 =10.83 × 0.5=5.42（元）

单位产品制造费用标准成本 =2.92+5.42=8.34（元）

5. 成本差异核算与分析

成本差异是指标准成本与实际成本在一定期间形成的差异。标准成本以简化核算和预先确定的数据为参考，而真实的成本要依实际发生为准。就像按计划买地三鲜菜品材料的价格成本依近期市场价格估计是 5 元，但在实际购买和加工过程中会存在各种原因，如天气、运输等会导致市场采购价格上涨或下降，在制作过程中也有各种原因发生的损耗，都会形成一定的差异。当实际成本低于标准成本时就产生了节约差异，当实际成本高于标准成本时就产生了超支差异。

形成差异指标之间的 3 种关系如图 6–13 所示。

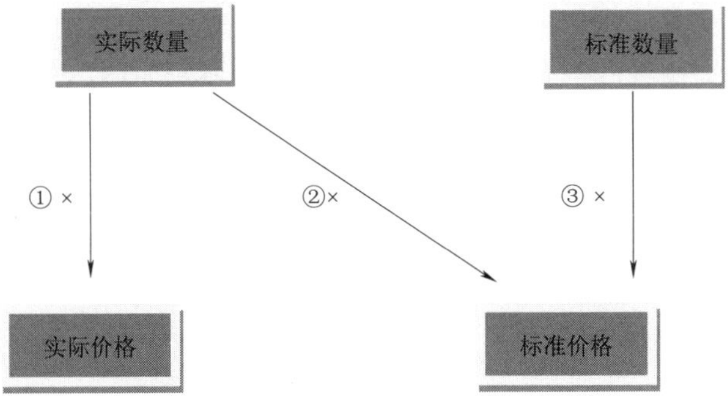

图 6–13　指标差异的三种关系

价格差异 = 实际数量 ×(实际价格 – 标准价格)

数量差异 =(实际数量 – 标准数量)× 标准价格

（1）直接材料的差异分析。

直接材料差异，包括材料数量差异和材料价格差异。

材料价格差异 = 实际数量 × 实际价格 – 实际数量 × 标准价格

= 实际数量 ×（实际价格 – 标准价格）

材料数量差异 = 实际数量 × 标准价格 – 标准数量 × 标准价格

= 标准价格 ×（实际数量 – 标准数量）

【例 6.6】接上例条件，ABC 公司生产 8# 线用的原材料盘圆标准价格 5 元 /kg，生产的标准用量为 1.1 kg，3 月份共生产 8# 线 20 000 kg，领用的盘圆材料共 23 000 kg，实际的价格为 4.85 元 /kg。简要分析本月 8# 线生产的材料成本差异情况。

【解析】根据前述公式，计算直接材料差异。

材料数量差异 =5 ×（23 000–20 000）=15 000（元）

材料价格差异 =23 000 ×（4.85–5）=–3 450（元）

直接材料差异合计 =15 000+（–3 450）=11 550（元）

由计算结果不难看出，材料数量领用超支标准指标 1 000kg，价格差异是实际节约 3 450 元，具体分析：因为采购部门具有购料价格的控制权，价格差异应由采购部门负责，可作为采购部门绩效考核的指标之一，价格差异的原因除采购的谈判力度外还有可能是市场的价格波动引起的。而材料数量差异可能是由生产管理部门在领用或生产加工过程中出现了材料浪费的情况，或者出现了废料加工现象，还有一种可能是原材料的质量有问题。在查找数据原因的过程中要顺藤摸瓜，一步步寻根究源，就能发现问题的真正原因，为下一步的管理提供帮助。

（2）直接人工的差异分析。

直接人工成本差异是实际人工总成本与实际产量下的标准总成本核算而产生的差异。

直接人工差异包括直接人工效率差异和直接人工工资率差异。

直接人工工资率差异 = 实际人工小时数 × 实际工资率 – 实际人工小时数 × 标准工资率

= 实际人工小时数 ×（实际工资率 – 标准工资率）

直接人工效率差异 =（实际工时 × 标准工资率）–（标准工时 × 标准工资率）

=（实际工时 – 标准工时）× 标准工资率

【例 6.7】接上例 ABC 公司的相关生产信息，8# 线生产的直接人工标准工资率 8 元 / 小时，工时标准为 1.1 小时 /kg，3 月份共生产 8# 线 20 000 kg，直接人工耗时 20 000 小时，实际支付直接人工工资 105 000 元。直接人工成本差异情况如何？

【解析】标准工资率 =8 × 1.1=8.8

实际工资率 =105 000 ÷ 12 000=8.75

根据公式，计算直接人工差异过程如下。

直接人工工资率差异 =20 000 ×（8.75–8.8）=–1 000（元）

直接人工效率差异 =8.8 ×（20 000–22 000）=–17 600（元）

直接人工差异合计 =–1 000+（–17 600）=–18 600（元）

由计算结果可以看出，直接人工的工资和工效差异分别节约 1 000 元和 17 600 元。工资率差异形成的原因，可能是由生产中升级或降级使用不同工资等级的工人，也可能是减少加班工资所形成有利的工资率差异，还可能是由于工资标准的调整，因此应具体分析劳资确定和管理相关联的部门。工效节约 17 600 元，此差异可能是由于工人的熟练程度、设备的原因、管理的问题、原材料等原因造成的。所涉及的差异原因会涉及生产部门或相关采购部门的责任。

（3）变动性制造费用的差异分析。

变动性制造费用差异是指实际发生的变动制造费用总额与实际产量下的标准变动制造费用总额核算之间产生的差异。它由变动性制造费用效率差异（即“数量”差异）和变动性制造费用耗费差异（即“价格”差异）构成。

变动性制造费用效率差异，指按生产上实际耗用工时计算的变动性制造费用与按标准工时计算的变动性制造费用之间的差额，其计算公式为：

变动性制造费用效率差异 =（实际工时 × 标准分配率）-（标准工时 × 标准分配率）

=（实际工时 - 标准工时）× 标准分配率

变动性制造费用耗费差异，指实际发生的变动性制造费用和按实际工时计算的标准变动性制造费用之间的差额，其计算公式为。

变动性制造费用耗费差异 =（实际工时 × 实际分配率）-（实际工时 × 标准分配率）

= 实际工时 ×（实际分配率 - 标准分配率）

【例 6.8】ABC 公司 8# 线材生产车间制造费用 3 月份标准变动制造费用分配率为 5.83 元 / 小时，每千克标准工时耗用为 0.5 小时 /kg，本月共生产 20 000 kg，实际用工耗时 10 200 小时，实际发生变动制造费用 60 000 元。

【解析】变动制造费用成本差异 =60 000-20 000 × 0.5 × 5.83=1 700（元）

变动制造费用效率差异 =（10 200-20 000 × 0.5）× 5.83=1 166（元）

变动制造费用耗费差异 =（60 000 ÷ 10 200-5.83）× 10 200=-534（元）

由计算结果可知，ABC 公司 3 月 8# 线生产发生的变动制造费用共超出 1 700 元。工时超出 200 小时，费用分配率由原来的 5.83 元 / 小时提高到了 5.88 元 / 小时。可以看出效率上引起的时间耗费超支，可能因为在生产加工过程环节中的某环节的操作不当引起，也有可能因维修等原因造成工耗增加。

（4）固定性制造费用的差异分析。

固定制造费用成本差异指企业实际发生的固定制造费用与实际产量下标准固定制造费用的差异。

固定性制造费用成本差异 = 实际产量下固定性制造费用 - 实际产量下标准固定性制造费用

= 实际工时 × 实际分配率 - 实际产量下的标准工时 × 标准分配率

标准分配率 = 固定制造费用预算总额 ÷ 预算产量下的标准总工时

实际分配率 = 实际固定制造费用总额 ÷ 实际产量下的耗用总工时

因为固定制造费用相对固定，实际产量与预算产量的差异会对单位产品所应承担的固定制造费用产生影响，所以固定制造费用成本差异的分配与材料费用和人工费用成本差异的分析有所不同，分为两差异法和三差异法。

两差异法分析，指将总的差异分为耗费差异和能量差异两部分。耗费差异是指固定制造费用的实际金额与固定制造费用预算金额之间的差额；能量差异是指固定制造费用预算金额与固定制造费用标准成本的差额。计算公式如下：

耗费差异 = 实际固定制造费用 – 预算产量下标准固定制造费用

= 实际固定制造费用 – 标准工时 × 预算产量 × 标准分配率

= 实际固定费用 – 预算产量下标准工时 × 标准分配率

能量差异 = 预算产量下标准固定制造费用 – 实际产量下标准固定制造费用

= 预算产量下标准工时 × 标准分配率 – 实际产量下标准工时 × 标准分配率

=（预算产量下标准工时 – 实际产量下标准工时）× 标准分配率

【例 6.9】ABC 公司 8# 线材生产车间制造费用 3 月份标准固定制造费用分配率为 10 元 / 小时，每千克标准工时耗用为 0.5 小时 /kg，本月计划生产 8# 线 20 000 kg，实际生产 22 000 kg，实际用工耗时 10 200 小时，实际发生固定制造费用 120 000 元。固定制造费用成本差异情况如何？

【解析】固定制造费用成本差异 =120 000–22 000 × 0.5 × 10=10 000（元）

耗费差异 =120 000–20 000 × 0.5 × 10=20 000（元）

能量差异 =（20 000 × 0.5–22 000 × 0.5）× 10=–10 000（元）

由计算结果可知，ABC 公司 3 月份的标准固定制造费用成本差异结果是超支 10 000 元。更进一步的原因可以看到，因耗费差异产生超支 20 000 元，但在能量差异中因为产出量超出计划 2 000 kg 而节约了 10 000 元。在管理中为制定管理策略，需要对耗费差异的超支做更细化地分解和分析。

三差异法分析，是将两差异分析法下的能量差异进一步分解为产量差异和效率差异，这样固定制造费用成本差异就由耗费差异、产量差异、效率差异构成。相关公式如下：

耗费差异 = 实际固定制造费用 – 预算产量下标准固定制造费用

= 实际固定制造费用 − 预算产量 × 工时标准 × 标准分配率

= 实际固定制造费用 − 预算产量下标准工时 × 标准分配率

产量差异 =（预算产量下标准工时 − 实际产量下标准工时）× 标准分配率

效率差异 =（实际产量下实际工时 − 预算产量下标准工时）× 标准分配率

【例 6.10】ABC 公司 8# 线材生产车间制造费用 3 月份标准固定制造费用分配率为 10 元 / 小时，每千克标准工时耗用为 0.5 小时 /kg，本月计划生产 8# 线 20 000 kg，实际生产 22 000 kg，实际用工耗时 10 200 小时，实际发生固定制造费用 120 000 元。三差异法计算固定制造费用成本差异如下。

固定制造费用成本差异 =120 000−22 000 × 0.5 × 10=10 000（元）

耗费差异 =120 000−20 000 × 0.5 × 10=20 000（元）

产量差异 =（20 000 × 0.5−10 200）× 10=−2 000（元）

效率差异 =（10 200−22 000 × 0.5）× 10=−8 000（元）

通过三差异法计算得出的结果比两差异法更细化，差异形成的原因也更直接明了。总固定制造费用成本差异 10 000 元是因为耗费成本差异的增加产生 20 000 元，产量差异为节约 2 000 元，效率差异为节约 8 000 元。三差异法核算对于部门考核非常适用，有利于责任的清晰划分，便于管理制度的推行、也能够进一步提高企业生产效率，使企业的成本保持在合理水平。

6.6 作业成本

6.6.1 作业成本概念与管理

作业成本法是成本核算方法的另一种形式，是成本计算与成本管理的有机结合，以客户和作业流程为中心来对工作任务进行管理，能够更好地提高管理效益，也就是作业成本管理。

作业成本管理是以提高客户价值、增加企业利润为目的，基于作业成本法的新型集中化管理方法。在作业成本法下，对于直接费用的确认和分配与传统的成本计算方法一样，但间接费用的分配对象不再是产品，而是作业活动。成本分配时，先根据作业中心的资源耗费情况，将资源耗费的成本分配到作业中心，然后再将分配到作业中心的成本，依据作业活动的数量分配到各产品中去。它通过对作业及作业成本的确认、计量，最终计算产品成本，同时将成本计算深入到作业层次，对企业所有作业活动进行追踪并动态反映，进行成本链分析，包括动因分析、作业分析等，为企业决策提供准确信息；指导企业有效地执行必要的作业，消除和精简不能创造价值的作业，从而达到降低成本、提高效率的目的。

作业成本法的应用很大程度上克服了传统成本方法中存在的一些问题，如现行的部门考核、绩效管理等方面涉及的责任划分不清等，能够促进成本管理和控制水平的不断提高。

6.6.2 相关的概念

1. 作业

作业是指在一个组织内为了某一目的而进行的耗费资源的工作。作业是作业成本管理的核心要素。根据企业业务的层次和范围，可将作业分为四类：单位作业、批别作业、产品作业和支持作业。

（1）单位作业：使单位产品或服务受益的作业，它对资源的消耗量往往与产品的产量或销量成正比。常见的单位作业如加工零件、每件产品进行的检验等。

（2）批别作业：使一批产品受益的作业，作业的成本与产品的批次数量成正比。常见的如设备调试、生产准备等。

（3）产品作业：使某种产品的每个单位都受益的作业。例如零件数控代码编制、产品工艺设计作业等。

（4）支持作业：为维持企业正常生产，而使所有产品都受益的作业，作业的成本与产品数量无相关关系。例如厂房维修、管理作业等。通常认为前三个类别以外的所有作业均是支持作业。

2. 成本对象

成本对象是企业成本计量归集和分配的对象。根据核算需要，可以把每一个生产批别作为成本对象，也可以把一个品种作为成本对象。

成本对象可以分为市场类成本对象和生产类成本对象。市场类成本对象的确定主要是按照不同的市场渠道、不同的顾客确定的成本对象，主要衡量不同渠道和顾客带来的实际收益，核算结果主要用于市场决策，并支持企业的产品决策。生产类成本对象是企业内部的成本对象，包括各种产品和半成品，用于计量企业内部的生产成果。

3. 成本动因

成本动因指使得成本发生的因素。通常以作业活动耗费的资源来进行度量，如质量检查次数、月用水吨数、燃气用量。成本动因可分为资源动因和作业动因。

资源动因是引起作业成本变动的驱动因素，反映作业量与耗费之间的因果关系。资源动因被用来计量各项作业对资源的耗费，根据资源动因可以将资源成本分配给各有关作业。作业量的多少决定着资源的耗用量，但是资源耗用量的高低与最终的产品数量没有直接关系。

作业动因是引起产品成本变动的，反映产品产量与作业成本之间的因果关系的动因。作业动因计量各种产品对作业耗用的情况，被用来作为作业成本的分配基础，是实现资源与最终产品合理配量的中介。如生产作业的衡量标准是生产订单的数量，加工作业的衡量标准是直接人工工时，自动化设备作业的衡量标准是机器作业小时数。

4. 作业中心

作业中心是指构成一个业务过程的相互联系的作业集合，用来汇集业务过程及其产出的成本。它像一个成本的仓库，有助于企业更明晰地分析一组相关的作业，以便进行作业管理以及企业组织机构和责任中心的设计与考核。

6.6.3 作业成本法与传统成本法的比较

如图 6-14 所示，可以看出对于传统成本核算的方法和作业成本计算方法上的区别，表现在间接费用的分配有不同，而直接费用的方法则是一致的。作业成本计算法将间接费用先归入一个暂时的“包袱”里，它可以更细化地分类并以责任划分界线。传统成本计算法下，制造费用以直接人工工时或机器工时为分配依据，当企业的生产多样性明显时，生产量小、技术要求高的产品成本分配偏低，而生产量大、技术要求低的产品成本分配偏高。作业成本计算法下，先确认发生费用的一个或多个作业环节，如维修机器作业，搬运作业，然后根据作业量的大小再进行费用分配，依据则是相应的成本动因，如维修工时、搬运数量。作业成本计算法有效避免了间接费用在生产加工过程中分配一把抓的状态，使成本计算结果更靠近真实。

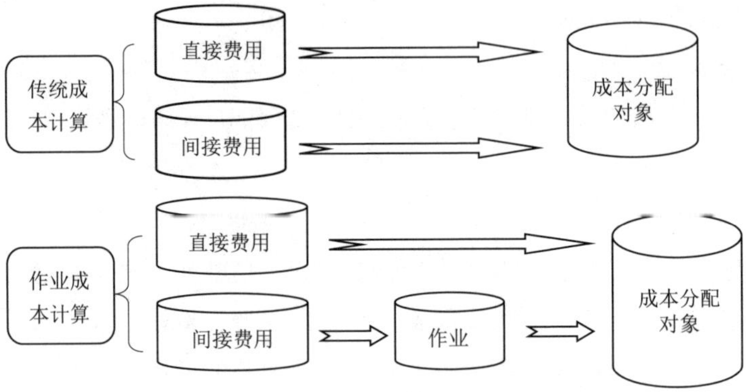

图 6-14　作业成本法与传统成本法的区别

1. 计算实施程序

（1）建立资源库。

将生产产品和提供劳务过程中会消耗的各种资源进行分类计量，如料、工、费。每个作业中心都是生产程序的一部分，按照作业中心汇集和披露成本信息，便于企业管控成本和考评绩效。

（2）确认作业并设立作业中心。

对于作业的确认，按重要性和同质性角度划分为同一作业中心，归入一个作业组的作业需要具备同类或消耗比率相近的条件。如“燃气供应”这一项作业，当做为一个作业中心时，所有与燃气相关的费用都归于“燃气供应”作业中心。

（3）依据资源动因对资源库进行分配。

资源动因是把资源库价值分派到各作业中心的依据。如燃气资源在分配的时候，可以选择的消耗单位是立方米，电资源的分配按消耗的度数为单位。一个作业中心往往不会只消耗单一的作业，要按分类的记录情况依次进行分配。一个作业中心的总分配成本就是各项作业分配之和。

（4）选择作业动因及确认成本动因分配率。

一般情况下，成本动因的选择由企业工程技术人员、成本会计师等专业人员经过小组会议讨论确定。选择成本动因时，要确保作业消耗量与成本动因消耗量相关，综合权衡收益与成本，并考虑确认成本动因后的行为结果。

2. 作业成本分配率可以分为实际成本率和预算作业成本分配率两种形式

（1）实际作业成本分配率是各作业中心实际发生的成本和作业的实际产出，计算得出的单位作业产出的实际成本。

计算公式与应用如下。

实际作业成本分配率 = 当期实际发生的作业成本 ÷ 当期实际作业产出

实际作业分配率主要用于作业产出比较稳定的企业。其主要优点在于计算的成本是实际成本，无需分配实际成本与预算成本的差异。主要缺点表现在三个方面：一是作业成本资料只能在会计期末才能取得，不能随时提供进行决策的有关成本信息；二是不同会计期间作业成本不同，作业需求量也不同，所以计算出的成本分配时高时低；三是容易忽视作业需求变动对成本的影响，不利于划清造成成本高低的责任归属。

（2）预算作业成本分配率根据预算年度预计的作业成本和预计作业产出计算。

计算公式与应用如下。

预算作业成本分配率 = 预计作业成本 ÷ 预计作业产出

预算作业成本分配率能够克服实际作业成本分配率的缺点和不足，可以随时提供决策所需的成本信息，避免因作业成本变动和作业需求不足引起的产品成本波动，并且有利于及时查清成本升降波动的原因。

3. 根据每种产品所耗用的成本动因单位数和该作业分配率，可以计算该产品应负担的作业成本和单位成本

（1）计算耗用的作业成本，计算公式：

某产品耗用的作业成本 = Σ（该产品耗用的作业量 × 实际作业成本分配率）

（2）计算产品的当期成本，包括直接材料成本、直接人工成本。

计算公式：

某产品耗用当期发生成本 = 当期投入该产品的直接成本 + 当期该产品耗用的各项作业成本

【例 6.11】ABC 公司 2×20 年 3 月生产 8# 线、5# 线产品情况如表 6-3 所示。材料成本单位：元 /kg，人工成本单位：元 / 小时。

表 6-3 生产情况

产品名称	产量（kg）	单位产品所耗机器工时	材料成本	人工成本
8# 线	20 000	0.8	5	3
5# 线	10 000	0.5	8	5

制造费用 60 000 元，在制造费用的耗用过程中相关的数据资料信息，如表 6-4 所示。

表 6-4　作业成本法计算明细表

作业名称	成本动因	作业成本（元）	作业动因数明细				制造费用分配明细	
			8# 线	5# 线	合计	分配率	8# 线	5# 线
燃气供应	供量立方	14 000	5 000	6 000	11 000	1.272 7…	6 363.64	7 636.36
机器维修	维修次数	18 000	400	800	1 200	15	6 000	12 000
冷却供水	供应吨重	8 000	2 000	2 500	4 500	1.777 8…	3 555.56	4 444.44
机械电力	供应度数	20 000	3 000	3 500	6 500	3.076 9…	9 230.77	10 769.23
合计		60 000					25 149.96	34 850.04

由上表数据计算可知：

8# 线直接材料成本 =20 000 × 5=100 000（元）

5# 线直接材料成本 =10 000 × 8=80 000（元）

8# 线直接人工成本 =20 000 × 0.8 × 3=48 000（元）

5# 线直接人工成本 =10 000 × 0.5 × 5=25 000（元）

由作业成本明细计算表可知：

8# 线、5# 线负担的制造费用成本各由 4 个作业成本中心组成。燃气供应分别 5 000 立方米、6 000 立方米，机器维修作业中心提供维修 400 次、800 次，冷却供水提供 2 000 吨、2 500 吨，机械电力 3 000 度、3 500 度。

由相应的作业成本得出各作业中心的分配率依次 1.2、15、1.78、3.08。

由公式某产品耗用的作业成本 = Σ（该产品耗用的作业量 × 实际作业成本分配率）

可得：8# 线制造费用燃气作业成本 =5 000 × 1.272 7…=6 363.64（元）

8# 线制造费用维修作业成本 =400 × 15=6 000（元）

8# 线制造费用供水作业成本 =2 000 × 1.777 8…=3 555.56（元）

8# 线制造费用燃气作业成本 =3 000 × 3.076 9…=9 230.77（元）

5# 线制造费用燃气作业成本 =6 000 × 1.272 7…=7 636.36（元）

5# 线制造费用维修作业成本 =800 × 15=12 000（元）

5# 线制造费用供水作业成本 =2 500 × 1.777 8…=4 444.44（元）

5# 线制造费用燃气作业成本 =3 500 × 3.076 9…=10 769.23（元）

8# 线作业成本合计 =25 149.96（元）

5# 线作业成本合计 =34 850.04（元）

8# 线成本总额 = 直接成本 + 作业成本

=100 000+48 000+25 149.96=173 149.96（元）

5# 线成本总额 =80 000+25 000+34 850.04=139 850.04（元）

传统成本计算法：

制造费用分配率 =60 000 ÷（20 000 × 0.8+10 000 × 0.5）≈ 2.86（元 / 小时）

8# 线制造费用分摊 =20 000 × 0.8 × 2.86=45 714（元）

5# 线制造费用分摊 =10 000 × 0.5 × 2.86=14 286（元）

由作业中心分配得到的成本情况与传统计算的制造费用分配来看，两者的差别很大。间接费用分摊 60 000 元，在传统方法下 8# 线的制造费用分摊 45 714 元，5# 线分摊 14 286 元。而在作业成本计算法下 8# 线的制造费用分摊 25 149.96 元，5# 线分摊 34 850.04 元。两种方法提供的成本信息反映出了产品成本构成的细化环节，作业成本的费用分配比传统成本计算方法更准确具体，大量的经验调查表明，生产量大而技术复杂程度低的产品，在传统成本计算方式下，由于其消耗的人工工时比重大，分摊的制造费用数额相对就大，而在作业成本计算方式下，这类产品由于技术复杂程度低，消耗的作业动因量相对较少，同理分摊的制造费用就相对会低。生产量小而技术复杂程度高的产品则刚好相反。通过作业成本法进行成本核算，可以避免传统的成本计算方式低估了生产量小而技术复杂程度高的产品成本，高估生产量大而技术复杂程度低的产品成本。

6.6.4 作业成本管理的意义

作业成本是以作业为成本管理的起点与核心，与传统的以商品或劳务为中心的成本管理相比是一次深层次的变革和质的飞跃。

1. 适应新经济技术环境的客观要求

随着全球经济一体化的国际化进程的加快，科学技术朝着信息化方向迅猛发展，市场需求的多样化、个性化，现代企业商品生产过程的自动化、信息化以及制造系统的复杂化是当前不可逆转的大趋势。在这种新的经济技术环境下，若继续采用在商品成本中所占比重越来越小的直接人工去分配所占比重越来越大的制造费用，必将导致商品成本信息的严重失真，进而误导企业的战略决策。

2. 以作业为成本分配对象

以作业为成本分配对象，不仅能够科学合理地分配各种制造费用，提供较为客观的成本信息，而且能够通过作业分析，追根溯源，不断改进作业方式，合理地进行资源配置，实现持续降低成本的目标。

3. 有利于加强成本控制

现代企业间的市场竞争进入白热化，企业商品通常采用多品种、个性化、小批量的生产经营模式，以适应顾客日新月异的多样化需求。作业成本以每一作业的完成及其所耗资源为重点，以成本动因为基础，及时、有效地提供成本控制所需的相关信息。从而可极大地增强管理人员的成本意识，并以作业中心为基础设置成本控制责任中心，将作业员工的奖惩与其作业责任成本控制直接挂钩，充分发挥企业员工的积极性、创造性与合作精神，进而达到有效控制成本的目的。

4. 有利于提高商品的市场竞争能力

作业成本管理能很好地适应现代企业在激烈的市场竞争中的发展需要，从一开始就特别重视商品设计、研究开发和质量管理模式，力求按照技术与经济相统一的原则，科学合理地配置相对有限的企业资源，不断改进商品设计、工艺设计以及企业价值链的构成，从而提高企业商品的市场竞争能力。

6.7 责任成本管理

6.7.1 责任成本管理的含义

责任成本是以具体的责任单位（小组、部门、单位或个人）等为对象，以其承担的责任为范围所归集的成本。

责任成本管理是指将企业内部按一定的标准划分成不同的责任中心，明确责任成本，并根据各责任中心的权、责、利关系来考核各责任中心工作业绩的一种成本管理模式。特别是在现在的企业管理中，绩效考核应用普遍，对于各责任中心的责、权、利有必要进行明确的事先预算、事中监督控制、事后考核的管理制度。

6.7.2 责任成本的构成来源

责任成本由以下两方面构成。

（1）本责任中心所发生，并且能够为该责任中心所控制和影响的成本。就好比一个家庭里以人员为责任中心，那么上班的交通费用就会归集在该家庭人员的责任范围内，为该家庭人员控制和影响，而不属于家庭的交通支出范围。

（2）发生在其他部门而应由本责任中心承担的成本，但不为该责任中心所控制和影响的成本。一般是指本责任中心为其他部门所提供的材料、机械费用、劳务费用及其他相关费用。接上文，如果该家庭人员在本月的交通费用支出 500 元中，为家庭接送朋友发生的支出 200 元，那这一部分尽管在该家庭人员这里支出，还是不属于他的责任范围，应该归属在家庭责任范围内。

6.7.3 责任成本的具备条件

从一般的意义上讲，责任成本应该具备以下四个条件。

1. 可预计性

责任中心有办法知道成本的发生以及发生什么样的成本。如甲某未来两个月时间里有 3 个朋友会结婚，那每一位朋友的红包礼金就是甲某未来将要支出的责任成本。车间的定期大修理费也是一样的道理。

2. 可计量性

责任中心有办法计量这一耗费的大小。如前所说结婚的朋友中，一位是多年的至交，这个甲某要亲自去参加，红包 1 000 元，一位是普通的朋友红包 200 元。这些属于甲某责任范围内的耗费是具体可计量的。

3. 可控制性

责任中心完全可以通过自己的行动来对其加以控制和调节。当甲某发现自己的剩余收入不够支付三位朋友的婚礼红包，最后决定将至交的红包改为 500 元。又如车间的定期维护修理费，如果在良好的维护下机器运行很好，原定本月的正常大检修改为重点磨损区检修，费用支出也大大缩减。

4. 可考核性

责任中心可以对耗费的执行过程及其结果进行评价与考核。由于责任成本是明确而具体的，以责任为中心能够对过程和结果同时进行考核。

6.7.4 责任中心及其考核

按照企业内部责任中心的权责范围及业务活动的不同特点，将责任中心划分为成本中心、利润中心、投资中心三类进行相关的业绩考评。

（1）成本中心是指有权发生并控制成本的单位，也是对成本的发生负有责任的单位、个人、小组、部门等。如负责生产的车间、负责采购的部门、负责制订费用标准的管理部门。

因为成本中心一般不能够产生收入，所以成本中心不考核收入，只考核成本。因此成本中心只对能够控制的各项耗费即可控成本负责，只对符合条件的成本负责。责任成本是成本中心考核和控制的主要内容。

成本中心考核和控制主要使用的指标包括预算成本节约额和预算成本节约率。计算公式：

预算成本节约额 = 实际产量预算责任成本 – 实际责任成本

预算成本节约率 = 预算成本节约额 ÷ 实际产量预算责任成本

【例 6.12】 5 月小王家庭生活副食费用预算购蔬菜日支出标准 2 kg，平均单价 15 元 /kg，而月末时实际购蔬菜 75 kg，平均单价 10 元 /kg。

月预算购菜总量 =2 × 30=60（kg）

预算成本节约额 =75 ×（15–10）=375（元）

预算成本节约率 =375 ÷（75 × 15）× 100%=33.33%

计算结果显示本月成本中心小王家庭生活中蔬菜的支出成本节约了 375 元，节约率是 33.33%。

（2）利润中心是指既有责任成本的发生也有收入的发生，它是能控制成本，又能控制收入和利润的责任单位。利润中心采用利润作为业绩考核指标，涉及边际贡献、可控边际贡献和部门边际贡献等。

计算公式：

边际贡献 = 销售收入总额 – 变动成本总额

可控边际贡献 = 边际贡献 – 该中心负责人可控固定成本

部门边际贡献 = 可控边际贡献 – 该中心负责人不可控固定成本

边际贡献是用收入减去随生产能力的使用而变化的成本，反映了该利润中心的盈利能力，对业绩评价没有太大的作用。

可控边际贡献也是部门经理的边际贡献，是评价利润中心管理者业绩的理想指标，但忽略了应追溯但又不可控的生产能力成本，不能全面反映该利润中心对整体的经济贡献。

部门边际贡献也是部门毛利，对于公司高层所有的成本都是可控的，部门边际贡献反映了部门为企业利润和弥补与生产能力有关的成本所作的贡献，它可以更好地评价部门业绩。

（3）投资中心更全面彻底，除了控制成本、收入、利润，还可以对投入的资金进行控制的责任中心，如事业部的自主权。投资中心必然是利润中心，拥有最大的决策权同时也承担最大的责任。对投资中心进行业绩评价时不仅使用利润指标，还要计算分析利润与投资的关系。

本章小结

量本利的关系式是怎样的？

根据基本关系式：利润 = 销售收入 − 销售成本

= 销售量 × 销售单价 − 单位变动成本 × 销售量 − 固定成本

如果已知其中的四项变量的值时，就可以得出另外一项变量值，从而能够对企业的经营业务水平进行预算和测估。配合预算数据的比较可以分析得到某项经营活动的盈亏水平，从而确定经营活动的可行性，为管理者提供有用的数据信息。

第 7 章

常见成本核算相关问答

7.1 简述成本核算相关问题

在企业的实务成本核算过程中，有很多关于思路和方法选择上的问题。成本核算是企业的一项重要工作，它不仅能够帮助企业发现并利用过去的经营管理存在的问题和不足，方便管理者及时修正和补充相关的管理制度，提高生产效率；也可以对于企业经营活动中上游供应链和下游客户的选择及管理提供数据信息。如成本管理中提到的相关内容对分析企业未来期间经营的模式选择和策略制定具有重要的参考价值和意义。

进入数据信息时代的今天，企业越来越多地采用软件核算，这大大减少了成本核算上的工作量，但一套合理有效的成本核算方法，建立在一条考虑全面、周到、条理分明、主次有序的思路基础上。在现在和未来的企业中，无论成本核算还是会计工作都不简单的是只计算一些过去的生产加工信息，而是升级到管理层面上，通过将过去数据的核算与以前期间同期内部、同期外部行业的对比分析，结合企业的发展计划和目标方向，制定合理的预算机制，配合考核业绩的跟进，可以很好地帮助企业发展目标的实现。这里选择行业里部分频率比较多的问题，将讨论的最终通过结果进行汇总供大家参考和学习。

7.2 问答环节

问 1. 最常使用的成本核算方法是什么？

答 工业企业无论是哪种类型，生产哪种类型的产品，一种还是多种，也不论管理要求如何，最终都必须按照产品品种法计算产品成本。按产品品种计算成本是产品成本核算工作中最简单、普遍的要求，也就是相对比较通用的方法。品种法在前面章节中有详细介绍。条条大路通罗马，书中的成本核算方法很多，能够满足不同行业产品成本核算的要求，每一个企业都要选择适合自己的一套完整的核算方法。当然方法也不是一成不变的，会随着企业的生产或者管理者的要求而发生变化。具体的选择还是要看企业的生产性质、产品的加工流程情况还有管理者要求等方面，可参考本书前面相关章节的内容。

问 2. 我公司是来料加工企业，只负责进行加工处理，收取加工费。在核算成本时该如何设置科目？是否也要做相关的材料账？

答 这就是第 2 章中提到的委托加工核算业务，这里再做详细说明。

情况一 来料加工。委托加工协议中只约定了提供的主材数量和应该交付的加工产品数量的，对收到的材料备查登记，不核算其价值。企业只核算发生的辅料价值和人工、制造费用等加工成本，业务发生时借记“生产成本”，贷记“原材料”“应付职工薪酬”等相关科目。完工产品价值实际上也不包含主材料价值，借记“产成品”或“受托加工产品”，贷记“生产成本”。交付加工产品时，也只确认应收的加工费，借记“银行存款”“应收账款——加工费——** 公司”等，贷记“主营业务收入——加工费收入”等，二、三级明细的设置根据自己的实际情况需要即可。

【例 7.1】ABC 公司 2×20 年 3 月初接到 M 公司一批来料加工材料。协议中只约定提供加工盘圆 13 000 kg，单价 19 元 /kg，总计 247 000 元，按合理损耗 0.18% 收回成品 8# 线 12 766 kg，加工费用 7 元 /kg，合计 91 000 元。交货时间为 3 月 31 日前。

业务处理如下。

发生车间生产工人工资 23 400 元时：

借：生产成本——受托加工产品——8# 线	23 400	
贷：应付职工薪酬——工资		23 400

发生相关的设备折旧分摊 5 360 元时：

借：生产成本——受托加工产品——8# 线	5 360	
贷：累计折旧——生产设备		5 360

收到加工费时：

借：银行存款	91 000	
贷：主营业务收入——受托加工收入		80 530.97

应交税费——应交增值税（销项税额）　　10 469.03

完工交付产品时：

借：产成品——受托加工产品——8# 线　　28 760

贷：生产成本——受托加工产品——8# 线　　28 760

情况二 委托加工协议中不但约定了所提供材料的数量，还提供了材料价格以及加工产品的数量及价值，或者企业自身生产某产品并受托加工同一产品，那么加工企业就可以在收到材料时，借记“受托加工材料”，贷记“应付账款——应付受托加工材料款”，在实际领用时，借记“生产成本”，贷记“受托加工材料”，发生的其他辅料和人工成本等的业务处理与企业正常加工生产核算一样，可以参照第 2 章中的介绍。

情况三 单独接受委托加工产品的，工业企业接受外来原材料加工制造的代制品和为外单位加工修理的代修品，在制造和修理完成验收入库后，视同企业的产品，在库存商品科目核算；可以降价出售的不合格品，也在该科目核算，但应当与合格商品分开记账。自产并同时受托加工产品且无法实际分清的，可以统一视为自产产品，完工入库时，借记“产成品——** 产品”或“库存商品——** 产品”，贷记“生产成本”等。加工产品交付委托方时，要按销售处理，结转销售成本，并同时结转应付受托加工材料款，确认加工业务收入，借记“主营业务成本——受托加工业务成本”、贷记“产成品——** 产品”“库存商品——** 产品”等；借记“应付账款——应付受托加工材料款”“银行存款”“应收账款——应收加工费”等，贷记“主营业务收入——加工业务收入”“应交税费——应交增值税（销项税额）”。

【例 7.2】接上例内容进行业务处理。

接到来料入库时：

借：原材料——受托加工材料——M 公司　　247 000

贷：应付账款——M 公司　　247 000

原材料出库加工生产时（假设一次性领出）：

借：生产成本——受托加工产品——8# 线　　247 000

贷：受托加工材料——M 公司　　247 000

发生车间生产工人工资 23 400 元时：

借：生产成本——受托加工产品——8# 线	23 400	
贷：应付职工薪酬——工资		23 400

发生相关的设备折旧分摊 5 360 元时：

借：生产成本——受托加工产品——8# 线	5 360	
贷：累计折旧——生产设备		5 360

收到加工费时：

借：银行存款	91 000	
贷：主营业务收入——受托加工收入		80 530.97
应交税费——应交增值税（销项税额）		10 469.03

结转产成品：

借：产成品 ——受托加工产品——8# 线	275 760	
贷：生产成本——受托加工产品——8# 线		275 760
借：产品销售成本——受托加工产品	275 760	
贷：产成品——受托加工产品——8# 线		275 760

月末交货时：

借：应付账款——M 公司	247 000	
贷：产成品——受托加工产品——8# 线		247 000

问 3. 我单位是工业企业，请问采购部门发生的办公费、交通差旅费以及生产加工过程中品质量管理部门的费用，应该计入哪些科目？

答 根据《企业会计准则第 1 号——存货》规定，“存货的采购成本，包括购款、相关税费、运输费、装卸费、保险费以及其他可归属于存货采购成本的费用。”“企业（商品流通）在采购商品过程中发生的运输费、装卸费、保险费以及其他可归属于存货采购成本的费用等进货费用，应当计入存货采购成本，也可以先进行归集，期末根据所购商品的存销情况进行分摊。对于已售商品的进货费用，计入当期损益；对于未售商品的进货费用，计入期末存货成本。企业采购商品的进货费用金额较小的，可以在发生时直接计入当期损益。”这与《企业会计制度》中对商品流通企业的相关规定有所不同。按此判断，企业采购部门发生的费用如果能够明确对象化，可以直接计入或者通过合理方式分配计入所采购的存货成本中，如果无法对象化也无法采用合理方式归集后进行分配，则计入“管理费用”或“经营费用”。

【例 7.3】某门窗公司为生产加工企业，2×20 年 3 月份采购部门人员出差购进材料一批，A 材料 200 kg，B 材料 150 kg，运费（不含税）金额 7 300 元，采购行程与客户市场考察差旅费用共计 6 650 元。

业务处理：运费可以直接归属原材料 A、B 的产品构成成本，采用分配法分配后直接计入采购成本。差旅费用不能直接归属于原材料的采购成本，应计入管理费用。

借：原材料——A 材料	4 171.43	
原材料——B 材料	3 128.57	
贷：现金		7 300
借：管理费用——差旅费	6 650	
贷：现金		6 650

至于质量管理部门发生的费用，通常是计入制造费用，然后分配计入存货成本。但也应考虑是否能够对象化而有所区别，如果可以直接对应特定生产车间或产品，则可以直接或分配计入相应产品，如果不能对象化到具体车间产品，则需要在较大生产单位如全厂范围内进行分配。

【例 7.4】某门窗生产加工企业 2×20 年 3 月 30 日对本月总装车间生产完成的产成品验收入库 KW310 规格 60 樘，实际生产成本总计 150 000 元。

借：库存商品——KW310	150 000	
贷：生产成本——基本生产成本		150 000

【例 7.5】某机械设备制造企业 2×20 年 4 月 5 日发出已订销售合同编号 JNG20140121 的商品 40 樘，按先进先出法计算、结转已确认收入的发出商品的实际成本为 100 000 元。

借：主营业务成本——商品销售成本	100 000	
贷：库存商品——KW310		100 000

问 4. 我公司是一家热电联产企业，公司注册成立于 2008 年 9 月 8 日，目前正在建设 2×300MW 的两台供热机组，计划年底投产，生产准备工作已经开展，请问为生产准备人员发生的生产准备费（包括差旅费、培训费、生产准备人员的职工薪酬等）直接列支当期的生产费用可以吗？这种生产准备费与“开办费”有什么区别吗？

答（1）是否能够直接计入当期费用要先区分收益性支出与资本性支出。

根据《企业所得税法实施条例》规定："企业发生的支出应当区分收益性支出和资本性支出。收益性支出在发生当期直接扣除；资本性支出应当分期扣除或者计入有关资产成本，不得在发生当期直接扣除。"第五十八条规定："固定资产按照以下方法确定计税基础：自行建造的固定资产，以竣工结算前发生的支出为计税基础。"企业为该机组所发生的筹备费用需要根据上述规定区分其是否属于应计入资产的支出，如不属于资本性支出可以计入当期损益。

（2）关于开办费与准备费。

新税法下对于开办费并没有明确的定义，根据《国家税务总局关于企业所得税若干税务事项衔接问题的通知》（国税函〔2009〕98 号）第九条关于开（筹）办费的处理规定，新税法中开（筹）办费未明确列作长期待摊费用，企业可以在开始经营之日的当年一次性扣除，也可以按照新税法有关长期待摊费用的处理规定处理，但一经选定，不得改变。

问 5. 成本核算的思路是怎样的?

答 这个问题比较概括，现在的市场经济行业繁多，不能对所有的行业都一一介绍。企业成本核算方法的具体选用是根据企业生产产品的特点来确定的。主要看产品的生产加工流程特点，是单步还是多步骤完成，这涉及是用分步结转法还是平行结转法；是否有半成品销售的情况，这涉及设置自制半成品账；依公司的情况成本核算倾向是按照产品品类来分还是加工流程来分等。

拿做地三鲜这道菜来说吧，如果厨师想先切土豆，再切辣椒，然后是茄子。过油也是这个顺序的话，那自然在成本核算时也是这个顺序，不然也不能够及时准确地完成核算工作。还有更重要的一点就是厨师这样做一定有道理，像这样的流程他更习惯，操作起来更顺手，直接影响的就是加工的效率，在企业的产品生产中也是一样。（假设从刀工开始核算）

第一步 第一步是切土豆的材料计入生产成本，同时原材料会减少，还有一项人工费用的核算，然后是辣椒和茄子的原材料核算。

第二步 第二步是过油，这期间发生的油耗和直接人工费用需要计入生产成本。

第三步 第三步是调汁，各种调料酱汁的成本也要从辅助材料领用到生产成本中去，这一环节也涉及人工费用。

第四步 第四步是浇汁，这是收尾工作。在企业的实际生产中根据需要可以与装盘即最后的产品包装入库合成一步。这一步中还要把燃气、水等其他本菜品也涉及的费用分摊进来，也就是制造费用的分摊工作。

问 6. 成本核算过程中生产线出现来料不良或损坏怎么处理？

答 正常要填退库单，将废料返回仓库并重新补领即可。损坏部分需要当月预提计入费用，损坏材料报废的时候，冲减预提费用，并将报废材料的价值从原材料科目转出，在第 3 章中有介绍。来料不良属于供应商的责任，退返供应商可以选择退货和换货两种处理方式。

问 7. 成本核算中需要分摊的直接人工费用怎么操作？

答 选择投入工时或者完成工时来分摊当月的人工费，还要确认在线产品是否分摊人工费用，可根据公司的在线产品比例大小、数量是否比较稳定，一般公司都不希望将费用分摊给在产品，如果核算在产品的人工，可以将投入工时、完工程度、投料的比重作为依据来分摊。分摊公式是用总的待分摊费用除以分摊的依据合计的数，得出的分摊率也就是通常所说的分配率或分配标准，再用各产品的投入工时、完工程度、投料比重等分别乘以分摊率就可以将人工费用分摊进相关的产品成本中去。可以详见第 3 章人工费用核算部分。

问 8. 批发零售业成本核算方法有哪些？

答 批发零售业成本核算的方法有：售价金额核算法、毛利率法、进价金额核算法等，成本核算方法并不是硬性规定的，可由企业自行选择，但是会计核算的原则、成本核算的方法一经确定，不得随意改变。

情况一 毛利率法。毛利率法是根据本期销售净额乘以前期实际（或本月计划）毛利率计算本期销售毛利，据此计算发出存货和期末存货的一种方法。

计算公式如下：

销售净额 = 商品销售收入 − 销售退回与折让

毛利率 = 销售毛利 ÷ 销售净额 ×100%

销售毛利 = 销售净额 × 毛利率

销售成本 = 销售净额 − 销售毛利 = 销售净额 ×（1− 毛利率）

期末结存存货成本 = 期初结存存货成本 + 本期购货成本 − 本期销售成本

【例 7.6】金诚商贸公司 2×20 年 3 月销售 A 产品 400 000 元，共发生销售折让为 2.5%，A 产品进货总成本 300 000 元，增值税税率 13%。

销售净额 =400 000×（1−2.5%）=390 000（元）

销售毛利 = 销售净额 − 销售成本 =390 000−300 000=90 000（元）

销售毛利率 =90 000÷300 000=30%

销售发货时：

借：银行存款（或应收账款）	390 000	
营业费用——销售折让	10 000	
贷：主营业务收入		353 982.30
应交税费——应交增值税（销项税额）		46 817.70

结转成本：

借：主营业务成本	300 000	
贷：库存商品 ——A 产品		300 000

情况二 售价金额核算法。售价金额核算法是在实物负责基础上，以售价记账，控制库存商品进、销、存情况的一种核算方法，其主要内容包括如下方面。

（1）建立实物负责制。根据岗位责任制的要求，按商品经营的品种和地点，划分为若干柜组，确定实物负责人，对其经营的商品承担全部责任。

（2）售价记账，控制金额。库存商品的进、销、存一律按销售价格入账，只记金额，不计数量，库存商品总分类账反映售价总金额，明细分类账按实物负责人分设，反映各实物负责人所经营的商品的售价金额，在总账控制下，随时反映各实物负责人的经济责任。

（3）设置“商品进销差价”账户。由于“库存商品”账户按售价反映，而商品购进支付的货款是按进价计算的，因此，设置“商品进销差价”账户，以反映商品进价与售价之间的差价，正确计算销售商品的进价成本。

（4）加强物价管理。商品按售价核算后，如遇售价变动，就会直接影响库存商品总额，因此，必须加强物价管理，明码标价。

（5）健全商品盘点制度。“库存商品”明细分类账按售价记账，没有数量控制，只有通过盘点才能确定实际数量。因此，必须加强商品盘点，才能检查库存商品账实是否相等及其实物负责人的工作质量和经济责任。

采用售价金额核算方法，可以简化核算手续，减少工作量，是零售企业商品核算的主要方法。其不足之处是由于只记金额，不记数量，库存商品账不能提供数量指标以控制商品进、销、存情况，一旦发生差错，难以查明原因。

情况三 进价金额核算法。这是以进价金额控制库存商品进、销、存的一种核算方法。其主要内容包括如下方面。

（1）库存商品总分类账和明细分类账一律以进价入账，只记金额，不记数量。

（2）库存商品明细账按商品大类或柜组设置，对需要掌握数量的商品，可设置备查簿。

（3）平时销货账务处理，只核算销售收入，不核算销售成本。月末采取“以存计销”的方法，通过实地盘点库存商品，倒挤商品销售成本。

其计算公式为：

本期商品销售成本 = 期初库存商品 + 本期进货总额 − 期末库存商品进价金额

采用进价金额核算方法，可以简化核算手续，节约人力、物力，但手续不够严密，平时不能掌握库存情况，且对商品损耗或差错事故不能控制，一般适用于鲜活商品的核算。

问 9. 广告业成本核算方法和流程分录是什么？

答 对于购进材料由自己生产的，按工业会计核算。购进材料，自己生产的账务处理如下。购进材料时：

借：原材料

　　应交税费——应交增值税（进项税额）

　贷：银行存款等

生产车间领用材料时（如生产宣传册）：

借：生产成本——宣传册

　贷：原材料

生产人员的工资：

借：生产成本——宣传册

　贷：应付职工薪酬

生产车间发生费用：

借：制造费用

　贷：银行存款等

月末，制造费用在各产品之间进行分配：

借：生产成本——宣传册等

　贷：制造费用

广告牌生产完工入库：

借：产成品——宣传册

　贷：生产成本——宣传册

销售广告牌时：

借：银行存款等

　贷：主营业务收入

　　　应交税费——应交增值税（销项税额）

结转销售成本：

借：主营业务成本

　贷：产成品——宣传册

问 10. 主营业务成本如何核算？包括哪些内容？

答 主营业务成本的概念就是企业主要的业务成本，生产制造行业企业发生销售业务形成收入时，在发出商品的同时财务上要做库存商品成本的结转工作。借记“主营业务成本”科目，贷记“库存商品”科目。对未实现销售的产品保持“产成品”或“库存商品”的状态。主营业务成本包括产品成本、人工费用（劳务成本）、与咨询服务项目有关的费用支出等，都可以计入主营业务成本。

问 11. 旅行社营业成本和费用的核算是怎样的？

答（1）企业的营业成本应当与其营业收入相互配比。

当月实现的销售收入，应当与其相关的营业成本同时登记入账。旅行社之间的费用结算，由于有一个结算期，当发生的费用支出不能与实现的营业收入同时入账时，应按计划成本先行结转，待算出实际成本后再结转其差额。结转营业成本时，借记“营业成本”科目，贷记“原材料”“库存商品”“应付账款”“银行存款”等科目。期末，应将“营业成本”科目余额转入“本年利润”科目，结转后本科无余额。“营业成本”科目的明细账应与“营业收入”科目的明细账设置相适应。

（2）营业费用的核算。

营业费用是指企业各营业部门在经营中发生的各项费用。费用发生时，借记“营业费用”科目,贷记“现金”“银行存款”“累计折旧”“应付工资”等科目。期末，应将“营业费用”科目余额转入“本年利润”科目，结转后该科目应无余额。“营业费用”科目应按费用项目设置明细账。

问 12. 施工企业会计核算的业务分录是怎样的？

答 施工企业会计——合同毛利法下业务分录如下。

报产值时：

借：应收账款

　贷：工程结算

确认合同成本时：

借：主营业务成本——工程施工——合同毛利

　贷：主营业务收入

结算工程进度款，凭工程进度决算：

借：在建工程——某工程队

　贷：银行存款或现金

工程完工后补付工程款，凭审定的工程决算书：

借：在建工程——某工程队

　贷：银行存款或现金

借：固定资产——某厂房

　贷：在建工程——某工程队

　　　银行存款或者现金

每月根据确定的产值确认收入，年底根据确定的数额确认年度收入，并对年度其他月份进行适当调整。产值确定后，确认合同毛利，计入“工程施工——合同毛利”科目，“主营业务收入”与“工程施工——合同毛利”的差额计入“主营业务成本”科目。参照新的《施工企业核算办法》。

（1）每月根据确定的产值确认收入，结转成本。

借：主营业务成本

　　工程施工——合同毛利

　贷：主营业务收入

（2）年末根据工程部核实的项目进行收入和成本的调整（调减用负数）。

借：主营业务成本

　　工程施工——合同毛利

　贷：主营业务收入

（3）工程完工后，应根据决算文件，扣除以前年度确认的收入和成本，来确认当期收入和成本。

借：主营业务成本

　　工程施工——合同毛利

　贷：主营业务收入

（4）计算各期应交纳的税金及附加。

借：主营业务税金及附加

　贷：应交税费——应交城建税等

　　　其他应交款——应交教育费附加等

工程结算，参照新的《施工企业核算办法》。

（5）工程决算。工程完工决算后，应将工程结算科目与工程施工科目冲抵，冲抵后，工程施工科目与工程结算科目余额均为零。

借：工程结算

　贷：工程施工——合同成本

　　工程施工——合同毛利

问 13. 房地产企业售楼处为临时建筑，其费用在开发成本中核算吗？

答 根据《房地产开发经营业务企业所得税处理办法》（国税发〔2009〕31号）第二十七条中开发产品计税成本支出的内容：

（六）开发间接费。指企业为直接组织和管理开发项目所发生的，且不能将其归属于特定成本对象的成本费用性支出。主要包括管理人员工资、职工福利费、折旧费、修理费、办公费、水电费、劳动保护费、工程管理费、周转房摊销以及项目营销设施建造费等。

根据上述规定，房地产企业临时建造的售楼处发生的费用，应计入开发成本中。

问 14. 公司发生生产设备固定资产的大修理支出费用 72 万元，这部分费用加入原来资产的剩余净值一起计提折旧可以吗？会计分录是怎样的？

答 根据《中华人民共和国企业所得税法实施条例》所称固定资产的大修理支出，应同时符合下列条件：（一）修理支出达到取得固定资产时的计税基础 50% 以上；（二）修理后固定资产的使用年限延长 2 年以上。资产的剩余净值与新发生的大修理支出合计后按新的剩余价值和使用期限进行计提折旧。

账务处理如下。

发生修理费用支出 720 000 元时：

借：固定资产——大修理支出　　720 000

　贷：银行存款　　720 000

分期摊销时：（假如之前的月折旧 5 000 元，大修理支出后的折旧费用每月增加 3 600 元。

借：制造费用——折旧费　　8 600

　贷：累计折旧——生产设备　　8 600

问 15. 关于房地产企业建造的地下部分（是一体的）作为给业主的车库使用，能不能作为公共配套进行公摊成本处理？

答《国家税务总局关于印发〈房地产开发经营业务企业所得税处理办法〉的通知》第十七条 企业在开发区内建造的会所、物业管理场所、电站、热力站、水厂、文体场馆、幼儿园等配套设施，按以下规定进行处理。

(一) 属于非营利性且产权属于全体业主的，或无偿赠予地方政府、公用事业单位的，可将其视为公共配套设施，其建造费用按公共配套设施费的有关规定进行处理。

(二) 属于营利性的，或产权归企业所有的，或未明确产权归属的，或无偿赠予地方政府、公用事业单位以外其他单位的，应当单独核算其成本。除企业自用应按建造固定资产进行处理外，其他一律按建造开发产品进行处理。

企业单独建造的停车场所，应作为成本对象单独核算。利用地下基础设施形成的停车场所，作为公共配套设施进行处理。所以企业的情形属于后者，能作为公共配套进行公摊成本处理。

问 16. 筹建期购买的生产用固定资产计提折旧计入什么费用？如果正常计入制造费用那没有收入月末怎么结转到成本呢？

执行新企业会计准则标准，新准则中规定对企业筹建期间发生的开办费直接费用化，所以筹建期的固定资产折旧费也直接费用化，计入管理费用进行核算，所以不涉及制造费用的月末成本结转问题，当生产正式开始后，相应的折旧费用才正常计入产品的生产成本中。

问 17. 公司货车用的柴油能计入制造费用摊入生产成本吗？

制造费用指为生产产品和提供劳务而发生的间接费用。能否计入制造费用分摊到产品成本中，要看公司的企业类型是否为生产型企业，还要看货车的用途是否为生产产品或提供劳务所用。为组织和管理生产经营活动而发生的各项期间费用是应计入制造费用科目核算的。

问 18. 我公司是商贸企业，一般纳税人，想要购进砂石，然后卖给建筑工地使用。按销售购进，但发票是每开具一次，请问购进的税率及成本核算是怎样的？

答（1）购进环节应取得发票，对方是否为一般纳税人，自产建筑用砂石与外购的税率不同。《财政部 国家税务总局关于部分货物适用增值税低税率和简易办法征收增值税政策的通知》（财税〔2009〕9号）中指出，一般纳税人销售自产建筑用和生产建筑材料所用的砂、土、石料可选择按照简易办法依照3%征收率计算缴纳增值税。外购的属于商贸性质适用13%的增值税税率。

（2）成本核算涉及的就是商贸企业的成本核算。如果不能及时取得购进的发票，那销售的时候就不能及时结转成本。采取每次到货供方送货单与公司收货单进行暂估入账，销售的同时按暂估数做成本结转。待月末发票开来时及时做暂估冲回，再重新按发票开具的数量金额入账。砂石运输过程产生的相关可以直接计入成本的费用也一并计入成本。

问 19. 房地产开发项目中，什么样的甲供材可以入房地产成本，是否有强制规定，如钢材、混凝土等房地产供材不能进入房地产开发成本中？

答 房地产开发企业在发包合同中，如果对需要甲供材料的施工内容有详细规定，且实际施工中无重复投料，那么可凭购买材料的真实合法凭证，按照实际领用材料金额计算开发成本。

问 20. 新办企业发生为生产准备的费用，可以计入生产成本科目吗？如果不对，应计入什么科目？

答 根据《企业会计准则》的相关规定，新开办企业未产生收入时，视为开办阶段。这期间发生的为生产准备的费用可直接计入“管理费用”科目的开办费项下。只有产品的生产过程中耗费的相关成本费用才计入“生产成本”科目中。如果是筹建（开办）期间，需要计入固定资产价值的借款费用，以及需要计入在建工程的材料费用，则要计入“固定资产”科目或“在建工程”科目进行核算。

会计科目处理如下。

借：管理费用——开办费

　贷：银行存款（或相关科目）

《国家税务总局关于企业所得税若干税务事项衔接问题的通知》（国税函〔2009〕98号）文件第九条规定：新税法中开（筹）办费未明确列作长期待

摊费用，企业可以在开始经营之日的当年一次性扣除，也可以按照新税法有关长期待摊费用的规定处理，但一经选定，不得改变。

问 21. 企业为客户加工产品购入的模具可否计入长期待摊费用进行核算？是按照税法规定时间摊销吗？长期待摊费用是否影响成本核算？

答 根据《中华人民共和国企业所得税法实施条例》中关于企业所得税第十一条所称：固定资产，指企业为生产产品、提供劳务、出租或者经营管理而持有的，使用时间超过 12 个月的非货币性资产，包括房屋、建筑物、机器、机械、运输工具以及其他与生产经营活动有关的设备、器具、工具等。

对于折旧除国务院财政、税务主管部门另有规定外，固定资产计算折旧的最低年限规定与生产经营活动有关的器具、工具、家具等，折旧期限为 5 年。

因此应将此模具列入固定资产进行核算，并按照相关的规定进行折旧。每期将折旧费用摊入加工的产品成本中去。如果做长期待摊费用处理，则摊销时直接计入期间费用，会使产品的核算成本低于真实成本。

问 22. 企业为新建企业，处于筹建期，尚无收入，也没有生产。(1)购买生产用固定资产设备用的机油计入什么科目？(2)单价较低的常用工具例如像扳手、螺丝刀等应计入什么科目？

答 (1)因为机油的购买是为了生产用固定资产设备使用，生产用固定资产在生产产品时才会领出耗用，应作为存货的机物料消耗管理，购进时借记“原材料”“周转材料”等科目，生产领用时计入制造费用。月末摊入生产的产品成本中去。通常在企业的运营阶段购入时直接计入“制造费用”，领用以后的处理同前所述。

(2)可作为低值易耗品的周转材料进行管理，领用时选择一次摊销法计入相关费用科目，在生产运营阶段可直接计入“制造费用”科目的工具明细项下进行核算。

问 23. 公司想对楼的外体、内部重新装修，这栋楼的原值 210 万元，已经使用折旧 10 年，我们整体维修、装修预算在 80 万左右的装修费用该怎样进行账务处理？

答 根据固定资产更新业务的相关规定，固定资产更新改造过程中符合资本化的应计入固定资产进行核算，确实有证据证明延长固定资产使用期限的，按相关规定在剩余年限内计提折旧。

借：固定资产——房屋——装修费用　　800 000

　贷：银行存款　　800 000

做此处理后，从本期开始以后的各期固定资产新增的 80 万加原值减已折旧部分的账面价值之和，按新的折旧年限和预估净残值扣减后计算折旧额。

问 24. 如何确定一个简单的可以不分行业各类型企业都适用的成本核算方法？

答 这个和第一个问题是一样的，在开始从事成本核算时对于太多的核算方法有点茫然不知所选的感觉。对于成本概念要有一个清晰的认识，那么先理出一条相通和共性的思路。每一个企业不管属于什么行业类型，怎样的生产加工性质，成本核算都无外乎是对料、工、费三项内容的归纳和总结，即为前面章节中讨论的原料、材料、人工成本、费用项目等。笔者总结的是“各回各家，各找各妈”，一支笔也好，一辆车也罢，直接构成最终产品的直接材料、人工等费用直接“回家”就对了。不能直接归属的间接费用记住最通用的方法：品种法。一切方法都是基本方法的展开和变通应用。

【例 7.7】还拿家中的菜品来说，家中一日只做一顿饭共四道菜。分别是地三鲜、家常凉菜、鲜菇小炒、腰果西芹。对于家（单位）来说今天只生产了四种产品（当然生产产品一定不是 4 种，每种也不是一个）。按品种法来分就是将今天所有的费用，除了直接材料能够直接计入各菜品的生产成本中，其他的辅料、佐料、煤气（制造费用）都需要按总量在这几个品种之间进行分配，这里面的人工费用也无法直接计入，所以也可以一并计入制造费用进行分摊。根据情况，以材料的价格和重量进行分摊都可以。或者更简单的就是这 4 道菜都是差不多的量，那么就平均分摊。总的分摊费用 10 元，那么分摊率就是 10 ÷ 4=2.5。每道菜的生产成本就是直接材料费用加 2.5 元的分摊费用。

品种法应用简化流程如图 7-1 所示。

1
- 设置“生产成本”科目核算产品按品种分类的各项费用
- 直接设原材料、工资及福利费、电力（燃料动力）、制造费用等科目归集费用

2
- 直接材料费用的领用按产品的品种项目进行归集，借记“生产成本——产品”品种，贷记“有关材料”

3
- 直接人工费用的发生也按照产品的品种进行归集，借记“生产成本——产品”品种，贷记“应付职工薪酬”

4
- “制造费用”科目下直接设机物料、修理费、折旧费、工资、水电等几个二级明细科目对车间费用进行归集，月末时也同样按品种进行分摊。可以选择工时或材料消耗为依据对制造费用分摊

5
- 月末将所有按品种归集的生产成本直接转入产成品。借记“产成品”，贷记“生产成本”

图 7-1　品种应用简化流程

问 25. 怎样做好餐饮行业的成本核算?

答 餐饮行业的最大特点就是新鲜的材料物品较多，材料周转速度较一般行业都快，因此相应的材料涉及的保持期值得重视。易耗品周转材料，如纸巾、餐具等很多都是一次性消费，对于领用和破损的管理也很关键。

要点一 首先应做好物料及存货收发管理工作。发放控制是控制的重点之一。发放控制的目的是按营业需要发放与需求符合的原料规格和数量，从源头上控制成本支出。建立严格的出入库及领用制度。仓库材料领用按金额及重要程度进行设置相应的审批和签字流程，确保原材料的领用有据可依，真实清楚。仓库管理人员做好原料出入的台账登记工作，最好建立日清日结制度。退料及暂存物料的管理也要清晰准确，对每日经营情况与原料领出的数量与收入形成核对和比较，能够以部门或总体出报利润表，也能够根据收入成本占比的变化得出成本材料领用的控制情况是否存在不足，及时修正改进。

（1）单据管理要做到：没有领料单，发放人员不得发放、领用；领料单填写不清楚，主管领导没签字或不符不发放；数量、金额不相符，填写的内容与形式不符合财务管理制度的要求不发放等规则。对于一些贵重的酒水，则可

以采用“瓶换瓶”的方法予以控制。

（2）严格遵守先进先出的出入库管理制度。在仓库管理系统中进行提示管理，避免产品物料保质期出现的成本损失。

（3）建立严格的报损丢失制度。对于原料、烟酒的变质、损坏、丢失制定严格的报损制度，如餐具应制订合理的报损率，超过规定部门必须分析说明原因，并与部门奖金考核挂钩。

（4）月底盘点。盘存是一项细致的工作，是各项分析数据的基础。盘存的准确与否，也影响了成本的准确度。在做盘存时，产品价值不同则盘点策略不同，对于特殊的贵重存货盘点可以采用复盘抽盘核实的方法确保实际存货数量，对于待处理的调换及破损品盘点及处理要意见明确。

要点二 餐饮项目中自制产品的成本管理和控制。

（1）自制系列的产品成本管理控制是建立标准成本体系，对常规产品的生产质量、产品成本、制作规格做出相关的标准规定。为了保证菜品在制作和加工过程中，能够按规定的分量和比例出品，保证消费者的认可度，也能够及时得出成本毛利率。

（2）操作过程中的监控。经常容易出现生产问题的环节重点管理、重点检查。提高各种原材料的综合利用率，可以对各种半成品的利用，物尽其用，降低损耗；对边角料加以再利用，使原料的利用率达到最大化，更有效地控制成本。降低原料成本与烹调师效益挂钩，杜绝加工过程的浪费。在平时杜绝浪费这一点上抓住一个关键——把握生产过程中的原料控制和加强生产原料的控制，使加工技术更加合理，减少原料加工过程中的浪费，同时有利于加强原料加工及菜肴制作过程的控制，减少了原料短缺的机会。

要点三 控制餐具破损和易耗品成本。餐具的损耗率控制是餐饮成本管理的重要组成。建立部门成本利润中心，对于各部门的餐具数量进行登记管理，日清日结。前台、储备间、清洗部对自己的收发餐具实物完整，不接收破损餐具及不合格易耗品，履行本环节过程中的破损本环节补充原则。非人为破损申报单严格遵守三方认可签字，并与认可人的绩效监督管理挂钩。

要点四

人工成本的控制。对于餐饮服务人员的设置可以根据企业实际需要，建立激励绩效考核制度，从部门餐具无破损、易耗品耗用最低、餐饮点单最优、单桌翻台最多、客户满意度最高等方面设置奖励制度。用同行同水平的人工成本支出最大程度地调动员工积极性。

本章小结

本章内容是针对财务核算工作中常出现的 25 个问题进行了列示，实际业务活动中在核算的具体环节还会有很多其他问题出现，关于核算方法的选择已经做了相关回答。在核算数据的过程中对 Excel 表格应用熟练，可以在很大程度上解决这些问题，如数据间的核对、勾稽关系等检查。针对常规业务中出现的较多问题总结，希望可以对读者有所帮助。

读者意见反馈表

亲爱的读者：

感谢您对中国铁道出版社有限公司的支持，您的建议是我们不断改进工作的信息来源，您的需求是我们不断开拓创新的基础。为了更好地服务读者，出版更多的精品图书，希望您能在百忙之中抽出时间填写这份意见反馈表发给我们。随书纸制表格请在填好后剪下寄到：北京市西城区右安门西街8号中国铁道出版社有限公司大众出版中心 王佩 收（邮编：100054）。此外，读者也可以直接通过电子邮件把意见反馈给我们，E-mail地址是：505733396@qq.com。我们将选出意见中肯的热心读者，赠送本社的其他图书作为奖励。同时，我们将充分考虑您的意见和建议，并尽可能地给您满意的答复。谢谢！

所购书名： ________________________

个人资料：

姓名：__________ 性别：__________ 年龄：__________ 文化程度：__________

职业：__________ 电话：__________ E-mail：__________

通信地址：________________________ 邮编：__________

您是如何得知本书的：

□书店宣传 □网络宣传 □展会促销 □出版社图书目录 □老师指定 □杂志、报纸等的介绍 □别人推荐 □其他（请指明）________________________

您从何处得到本书的：

□书店 □邮购 □商场、超市等卖场 □图书销售的网站 □培训学校 □其他

影响您购买本书的因素（可多选）：

□内容实用 □价格合理 □装帧设计精美 □带多媒体教学光盘 □优惠促销 □书评广告 □出版社知名度 □作者名气 □工作、生活和学习的需要 □其他

您对本书封面设计的满意程度：

□很满意 □比较满意 □一般 □不满意 □改进建议

您对本书的总体满意程度：

从文字的角度 □很满意 □比较满意 □一般 □不满意

从技术的角度 □很满意 □比较满意 □一般 □不满意

您希望书中图的比例是多少：

□少量的图片辅以大量的文字 □图文比例相当 □大量的图片辅以少量的文字

您希望本书的定价是多少：

本书最令您满意的是：

1.

2.

您在使用本书时遇到哪些困难：

1.

2.

您希望本书在哪些方面进行改进：

1.

2.

您需要购买哪些方面的图书？对我社现有图书有什么好的建议？

您更喜欢阅读哪些类型和层次的书籍（可多选）？

□入门类 □精通类 □综合类 □问答类 □图解类 □查询手册类

您在学习计算机的过程中有什么困难？

您的其他要求：